AF637367

STARK

Wortfamilie	bedeutet, dass bestimmte Wörter einen ähnlichen oder gleichen Wortstamm haben, weil sie miteinander verwandt sind.
Wortfeld	umfasst Wörter, die ein bestimmtes Wort genauer oder ähnlich ausdrücken. *Beispiel:* Wortfeld „gehen“: hüpfen, schlendern, schlurfen
Satzglieder	sind die Teile des Satzes, die beim Umstellen immer zusammenbleiben. Es gibt verschiedene Arten von Satzgliedern.
Subjekt (Satzgegenstand)	nennt man das Satzglied, das dir zeigt, wer im Satz handelt. Du fragst danach mit: „Wer oder was?“ *Beispiel:* Anna kauft Brot. Wer oder was kauft Brot? Anna
Prädikat (Satzaussage)	nennt man das Satzglied, das dir zeigt, was im Satz getan wird. Du fragst danach mit: „Was tut …?“ *Beispiel:* Anna kauft Brot. Was tut Anna? kaufen
Objekt (Satzergänzung)	ist das Satzglied, das dir noch genauere Informationen gibt. *Beispiel:* Anna kauft Brot. Was kauft Anna? Brot
Infinitiv (Grundform)	ist die Grundform eines Verbs und endet immer auf -en, -ern oder -eln. *Beispiele:* sing**en**, kich**ern**, läch**eln**
Präsens (Gegenwart)	ist die Zeitform, in der Verben sagen, was jemand oder etwas jetzt gerade tut. *Beispiele:* ich lese, Hans singt, Lea und Max malen
Präteritum (1. Vergangenheit)	ist die Zeitform, in der Verben sagen, was jemand oder etwas in der Vergangenheit getan hat. *Beispiele:* ich las, Hans sang, Lea und Max malten
Futur (Zukunft)	ist die Zeitform, in der Verben sagen, was jemand oder etwas in Zukunft tun wird. *Beispiele:* ich werde lesen, Hans wird singen, Lea und Max werden malen
Positiv (Grundform)	ist die Grundstufe bei Vergleichen. *Beispiel:* Nico schreibt **so schön wie** Laura.
Komparativ (1. Steigerung)	ist die Höherstufe bei Vergleichen. *Beispiel:* Nico schreibt **schöner als** Laura.
Superlativ (2. Steigerung)	ist die Höchststufe bei Vergleichen. *Beispiel:* Nico schreibt **am schönsten**.

Nomen (Namenwörter)
benennen Menschen, Tiere oder Dinge. Du schreibst sie immer groß und du kannst einen Artikel davorsetzen.
Beispiele:
das Auto, der Mann, die Rose

Abstrakte Nomen
bezeichnen etwas, das man nicht anfassen kann, zum Beispiel Gedachtes oder Gefühltes. Auch abstrakte Nomen werden großgeschrieben und haben einen Artikel.
Beispiele:
die Liebe, die Angst

Zusammengesetzte Nomen
werden aus zwei oder mehr Nomen gebildet. Manchmal musst du einen Buchstaben einfügen oder auch streichen, damit die Wörter zusammenpassen.
Beispiele:
die Liebe + das Paar = das Liebe**s**paar
die Schule + der Weg = der Schulweg

Verben (Tunwörter)
sagen dir, was jemand oder etwas tut. Du schreibst sie klein.
Beispiele:
singen, lachen, spielen

Adjektive (Wiewörter)
sagen dir, wie etwas ist. Du schreibst sie immer klein.
Beispiele:
lustig, fröhlich, bunt

Artikel (Begleiter)
kannst du vor Nomen setzen. Es gibt bestimmte und unbestimmte Artikel.

bestimmte Artikel: der, die, das
unbestimmte Artikel: ein, eine

Pronomen (Fürwörter)
kannst du anstelle eines Nomens einsetzen. Es muss aber immer deutlich sein, welches Nomen du ersetzt hast.
Beispiel:
Hans kauft Äpfel. Er kauft sie.

Oberbegriff
ist ein Begriff, der mehrere Wörter zu einem übergeordneten Begriff zusammenfasst.
Beispiel:
Oberbegriff „Kleidung“: Jacke, Hose, Mütze, Socken

Unterbegriff
ist ein Begriff, der einen Oberbegriff genauer bestimmt.
Beispiel:
Obst Unterbegriffe: Ananas, Birne, Melone

Nachsilben
benutzt du, um zum Beispiel aus Adjektiven Nomen zu machen. Denke daran, dass du manchmal Wörter etwas verändern musst, wenn du eine Nachsilbe anhängst.
Beispiel:
hell + -keit = die Hell**ig**keit

Wortstamm
ist der Teil, der bei verwandten Wörtern gleich oder ähnlich ist.
Beispiel:
lachen, **läch**erlich, **Lach**krampf Wortstamm: lach

VERA 3

Basiswissen und Übungsaufgaben
mit Lösungen

Deutsch 3. Klasse

STARK

Bildnachweis

S. 15: © Gannett77/istockphoto

S. 16: © Team 5 – Fotolia.com

S. 36, 38, 82, 91, 171, 209: Claudia Bichler

S. 50: oben: Simon Bening: Da Costa-Stundenbuch. New York: Pierpont Morgan Library, MS M.399. Gent/Brügge: um 1515; unten: Wien, Bildarchiv der Österreichischen Nationalbibliothek. Eingescannt aus: Alois Niederstätter: Das Jahrhundert der Mitte. Österreichische Geschichte 1400 – 1522. Wien 1996

S. 51: oben: Myers, Philip Van Ness (1905) [1885] „Growth of Nations“ in Mediaeval and Modern History (Revised edition ed.), Boston, New York, Chicago & London: Ginn & Company, pp. p. 218 Retrieved on 12 January 2009; unten: Paul Lacroix, Manners, Custom and Dress During the Middle Ages and During the Renaissance Period

S. 52: Faksimile des Kupferstiches von Matthäus Zafinger (Ende des 15. und Anfang des 16. Jahrhunderts). Eingescannt aus: Henne am Rhyn, Dr. Otto: Kulturgeschichte des deutschen Volkes, Erster Band, Berlin, 1897, S. 487

S. 95: Aus: e.o. plauen „Vater und Sohn“ in Gesamtausgabe Erich Ohser © Südverlag GmbH, Konstanz, 2000

S. 213: Aus: Howard Pyles's Book of Pirates

© 2025 STARK Verlag GmbH, Claudius-Keller-Str. 3c, 81669 München, info@stark-verlag.de
16. Auflage
www.stark-verlag.de

Das Werk und alle seine Bestandteile sind urheberrechtlich geschützt. Jede vollständige oder teilweise Vervielfältigung, Verbreitung und Veröffentlichung bedarf der ausdrücklichen Genehmigung des Verlages. Dies gilt insbesondere für Vervielfältigungen, Mikroverfilmungen sowie die Speicherung und Verarbeitung in elektronischen Systemen.

Inhalt

Hinweise zum interaktiven ActiveBook

ActiveBook Interaktives Training

Viele Aufgaben dieses Buchs kann Ihr Kind auch am Computer, Laptop oder Tablet bearbeiten. Wie Sie das ActiveBook abrufen können, erfahren Sie auf den **Farbseiten** am Anfang des Buchs.

Neben den **interaktiven Aufgaben** des Buchs steht dieses Symbol.

Aufgaben, zu denen es **Hördateien** gibt, sind mit diesem Symbol gekennzeichnet. Auch diese können im ActiveBook abgespielt werden.

Hier finden Sie die Aufgaben mit **Hördateien**:

Autorin:

Nicole Melcher

Vorwort

Liebe Eltern, liebe Lehrkräfte,

mit diesem Buch können sich Schülerinnen und Schüler der 3. Klasse auf die Vergleichsarbeiten im Fach Deutsch vorbereiten und das spezielle Übungsformat der Vergleichsarbeiten kennenlernen. Außerdem bietet das Buch die Möglichkeit, **alle Inhalte des Deutschstoffs** von der **1. bis zum Ende der 3. Klasse** zu wiederholen. Es ist daher ideal für den Start in die 4. Klasse geeignet.

Die **Vergleichsarbeiten** werden zentral gestellt und im Frühjahr des 3. Schuljahres geschrieben. Sie werden durchgeführt, um zu überprüfen, ob die Leistungen der Schüler*innen den Anforderungen der **Bildungsstandards** entsprechen und um die Unterrichtsqualität zu verbessern.

Im ersten Teil des Buches finden Sie **Übungsaufgaben**. Diese sind in fünf Kompetenzbereiche aufgeteilt (vgl. Inhalt). So können die Kinder bestimmte Bereiche gezielt trainieren. Die **Beispieltests** im zweiten Teil sind so konzipiert, dass sie in Umfang und Schwierigkeitsgrad einer offiziellen Vergleichsarbeit entsprechen.

ActiveBook Interaktives Training

Zu diesem Buch gibt es ein „**ActiveBook**", das Sie online anrufen können (siehe Farbseiten am Anfang des Buchs). Damit können die Kinder viele Aufgaben aus dem Übungsteil **interaktiv** bearbeiten. Sie erhalten **Hinweise** zum Lösen der Aufgaben, eine **sofortige Ergebnisauswertung** und ein **Feedback durch Smileys**. Auch die **Hördateien** können dort abgespielt werden.
Die Arbeit am Computer, Laptop oder Tablet macht den meisten Kindern großen Spaß und motiviert zum Üben. Zudem trainieren die Kinder so den **Umgang mit digitalen Medien** – eine wichtige Grundlage für die weitere schulische und berufliche Laufbahn.

Da die Beispieltests im Rahmen einer prüfungsähnlichen Situation geübt werden sollten, gibt es dazu keine interaktiven Aufgaben.

Die Schüler*innen sollten erst in oder nach den Weihnachtsferien beginnen, mit dem Buch zu arbeiten, da manche Inhalte sonst noch nicht aus dem Unterricht bekannt sind. Es ist gut, wenn sie die Aufgaben zunächst alleine bearbeiten und ihre Ergebnisse möglichst selbstständig mithilfe der **Lösungen** im Buch kontrollieren. Erst wenn danach noch etwas unklar ist, sollten Sie helfen.

Ich wünsche Ihnen und Ihrem Kind bzw. Ihren Schülerinnen und Schülern viel Spaß und Erfolg bei der Arbeit mit diesem Buch.

Nicole Melcher

Tipps zum Üben

Bereite dich gut vor!

Lege dir alles zurecht, was du brauchst: Bleistift, Radiergummi, farbige Stifte, ein Lineal und Papier für Notizen.

Lies genau!

Lies dir die Aufgaben immer genau durch, denn oft verändert schon ein einziges Wort den Sinn der Aufgabe.

Kontrolliere und verbessere!

Lies am Schluss deine Antworten noch einmal durch und kontrolliere, ob du alles getan hast, was in der Aufgabe verlangt wurde. Vergleiche dann mit den Lösungen im Buch und verbessere wenn nötig.

Arbeite selbstständig!

Bearbeite die Aufgaben zunächst alleine. Erst wenn du die Aufgaben kontrollierst und etwas nicht verstehst, solltest du jemanden um Hilfe bitten.

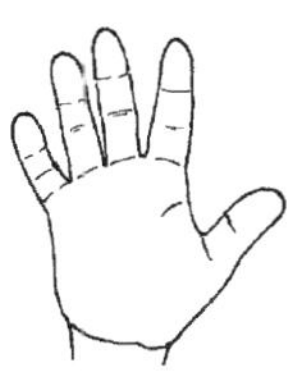

Übe regelmäßig!

Es ist wichtig regelmäßig zu üben, um sich zu verbessern. Übe mal im Buch, mal online mit dem digitalen ActiveBook.

Hinweise zu VERA 3

Durchführung der Vergleichsarbeiten

- Die Vergleichsarbeiten werden im Frühjahr (meistens Ende April/ Anfang Mai) in der 3. Klasse geschrieben.

- Die Vergleichsarbeiten werden durchgeführt, um zu überprüfen, wie gut die Leistungen der Schülerinnen und Schüler sind. Sie werden aber nicht benotet.

- In den Vergleichsarbeiten werden abwechselnd verschiedene Kompetenzbereiche geprüft:
  - Lesen
  - Sprache und Sprachgebrauch untersuchen
  - Rechtschreiben
  - Schreiben
  - Zuhören

- Im Fach Deutsch werden die Arbeiten an zwei Tagen geschrieben.
  Tag 1: Kompetenzbereich Lesen
  Tag 2: einer der anderen Kompetenzbereiche

- Die Vergleichsarbeiten werden wie normale Klassenarbeiten ohne Hinweise zu den Lösungswegen und ohne Hilfsmittel durchgeführt. Selbstverständlich darfst du aber einen Schmierzettel benutzen.

- Die Bearbeitungszeit beträgt an jedem Tag rund 40 Minuten. Die Zeit ist immer sehr knapp gewählt, sodass auch gute Schülerinnen und Schüler nicht alle Aufgaben lösen können. Mach dir also keine Sorgen, wenn du nicht ganz fertig wirst.

- Die Aufgaben sind unterschiedlich schwer. Das ist normal, denn mit so einer Arbeit möchte man herausfinden, was jeder einzelne Schüler und jede einzelne Schülerin besonders gut kann und wo er oder sie noch Schwierigkeiten hat.

Aufbau des Buches

✐ In ersten Teil des Buches findest du Aufgaben zu den verschiedenen Kompetenzbereichen. So kannst du gezielt üben:

- Lesen
- Sprache und Sprachgebrauch untersuchen
- Rechtschreiben
- Schreiben
- Zuhören

✐ Der zweite Teil enthält Beispieltests, die jeweils einer Vergleichsarbeit entsprechen. Du kannst versuchen, sie am Stück und auf Zeit zu bearbeiten. Stell dir dafür am besten einen Wecker.
So bekommst du ein Gefühl dafür, wie lange du für eine ganze Arbeit brauchst.

Wichtige Rechtschreibregeln

Hier kannst du die wichtigsten Rechtschreibregeln nachlesen und wiederholen.

- Alle Nomen (Namenwörter) schreibst du groß. Adjektive (Wiewörter) und Verben (Tunwörter) schreibst du klein, außer sie stehen am Satzanfang.

- Ein Konsonant (Mitlaut) nach einem kurz gesprochenen Vokal (Selbstlaut) muss meistens verdoppelt werden.
  Beispiel: Gu**mm**i, scha**ff**en, kö**nn**en

- Wenn ein Vokal (Selbstlaut) lang gesprochen wird, wird er manchmal mit einem Dehnungs-h geschrieben oder verdoppelt.
  Beispiel: L**oh**n, B**oo**t

  Achtung: Es gibt aber auch Ausnahmen wie das Wort „Brot“. Diese Wörter musst du dir gut merken.

- Ein lang gesprochenes „i“ kann als „ie“ oder als „ih“ geschrieben werden.
  Beispiele: fr**ie**ren, **ih**re

  Achtung: Bei manchen Wörtern, zum Beispiel bei „Masch**i**ne“ und „erw**i**dern“, spricht man das „i“ zwar lang, trotzdem werden die Wörter nur mit einfachem „i“ geschrieben.

- Beim Bilden des Plurals (Mehrzahl) verwandeln sich „a“ und „o“ oft in die Umlaute „ä“ und „ö“. Ebenso verwandelt sich „au“ häufig in „äu“.
  Beispiele: Gr**a**s – Gr**ä**ser, L**o**ch – L**ö**cher, B**au**m – B**äu**me

- Nach einem kurz gesprochenen und betonten Vokal (Selbstlaut) schreibt man „ck“ (niemals „kk“).
  Beispiel: kna**ck**en

- Nach einem Konsonant (Mitlaut) schreibst du meist nur ein einfaches „z“. *Beispiel:* kur**z**

✎ Nach einem Vokal (Selbstlaut) schreibst du meist „tz“ (Ausnahme: „Pizza“).
Beispiel: Ta**tz**e

Beachte auch diese Merkregel: „Nach l, n, r, das merke ja, steht nie tz und nie ck!“

✎ Nach einem lang gesprochenen Vokal (Selbstlaut) oder Umlaut (ä, ö, ü) und nach einem Doppellaut (au, ei, eu) schreibst du „ß“.
Beispiele: fra**ß**, grü**ß**en, Strau**ß**

✎ Nach einem kurz gesprochenen Vokal (Selbstlaut) oder Umlaut (ä, ö, ü) schreibst du „ss“.
Beispiele: ha**ss**en, kü**ss**en

✎ Der Laut „x“ kann mit „chs“, „cks“, „ks“, „gs“ oder „x“ geschrieben werden. Manchmal hilft es dir, wenn du das Wort verlängerst oder nach Wörtern aus derselben Wortfamilie suchst.
Beispiel: Kna**cks** wegen kna**ck**en

Oft musst du dir die Schreibweise auch merken.
Beispiele: He**x**e, Fu**chs**

✎ Alle Wörter, die mit der Vorsilbe „ver-“ beginnen, schreibst du mit „v“.
Beispiele: **ver**suchen, **ver**reisen, **Ver**antwortung

Achtung: Es gibt aber auch Wörter, die mit „fer-“ beginnen, zum Beispiel „Ferse“, „fertig“, „Ferien“ oder „Ferkel“.

✎ Ob Wörter mit einem weichen oder harten Konsonant (Mitlaut) enden, kannst du oft hören, wenn du die Wörter (in Gedanken) nachsprichst und dabei verlängerst.
Beispiele: Ra**d** – Rä**d**er, Or**t** – or**t**en, Die**b** – Die**b**e

✎ Ein „h“ am Ende des Wortes kannst du oft deutlicher hören, wenn du die Mehrzahl bildest und das Wort ganz deutlich aussprichst.
Beispiele: Schu**h** – Schu**h**e, Re**h** – Re**h**e

▶ Tipps und Übungsaufgaben

Bildnachweis
Simon Bratt. Shutterstock

Erster Kompetenzbereich: Lesen

1 Vorbereitungs- und Lerntipps

Fragen zum Text

- Lies zuerst den Text aufmerksam durch.
  Texte können neben Geschichten, Märchen, Fabeln und Sachtexten auch Tabellen, Programmübersichten, Briefe oder Landkarten sein.
- Lies danach die Fragen konzentriert durch und achte genau auf die Fragestellung. Manchmal verändert sich der Sinn einer Frage, wenn du ein Wort überliest oder falsch liest.
- Bei manchen Fragen findest du die Lösung nicht im Text. Bei diesen Aufgaben musst du den Text gut verstanden haben und dir die Lösung selbst herleiten.
- Wenn du eine eigene Antwort schreiben musst, schreibe immer ganze Sätze, außer es sind Stichworte verlangt.
- Wenn du die richtigen Antworten ankreuzen musst, ist immer mindestens eine Lösung richtig. Es können auch mehrere richtige Antworten dabei sein. Dann musst du alle richtigen Antworten ankreuzen.
- Bei manchen Fragen musst du in der Antwort nur eine Lücke füllen. Schreibe dann wirklich das, was gefordert wird.
- Es gibt Aufgaben, in denen du ankreuzen musst, ob eine Aussage richtig oder falsch ist. Hier gilt: Jede Aussage kann nur entweder richtig oder falsch sein.

Nummerieren

Manche Aufgaben enthalten Ereignisse, die du in der richtigen Reihenfolge nummerieren sollst. Lies den Text noch einmal genau durch und kennzeichne dir die angegebenen Ereignisse am besten mit einem Textmarker. Danach kannst du die Reihenfolge festlegen.

Sätze unterstreichen

- Lies den Text noch einmal aufmerksam, um genau den Satz oder die Stelle zu finden, der bzw. die die gesuchten Informationen enthält.
- Achte darauf, wirklich nur den geforderten Satz oder die geforderte Stelle zu unterstreichen. Wenn du zu viel oder zu wenig unterstreichst, ist deine Antwort nicht mehr richtig.
- Achtung: Es kann auch sein, dass du mehrere Sätze oder Textstellen unterstreichen musst.

Verbinden

Bei manchen Aufgaben musst du zusammengehörende Satzteile oder Dinge verbinden. Hier gehört immer ein Teil der Seite A zu einem Teil der Seite B. Wenn es vorher angekündigt wird, kann auf der einen oder anderen Seite auch ein Teil übrig bleiben.

Zuordnen

Es gibt auch Aufgaben, bei denen du eine Aussage einer bestimmten Person zuordnen musst. Hier muss immer nur ein Kreuz pro Zeile gemacht werden.

2 Übungsaufgaben

Text 1

Max Maus und seine Brüder

Max Maus hat zwei große Brüder. Alfred und Willi. Max Maus will so gern einmal etwas allein machen. Aber immer, wenn er irgendwohin geht, gehen auch seine Brüder dorthin. „Ich gehe ein wenig Nüsse sammeln“, sagt Max Maus zur Mutter. „Ich kann schon ganz allein Nüsse sammeln gehen.“

Max Maus geht in den Garten. Aber Alfred und Willi gehen auch in den Garten. Die beiden bringen mehr Nüsse nach Hause als Max Maus. So viele Nüsse, dass es für alle reicht.

„Ich gehe ein wenig Gras zupfen“, sagt Max Maus zur Mutter. „Ich kann schon ganz allein Gras zupfen gehen.“ Max Maus geht in den Garten. Aber Alfred und Willi gehen auch in den Garten. Die beiden bringen mehr Gras nach Hause als Max Maus. So viel Gras, dass es für alle reicht.

„Ich gehe ein wenig Gänseblümchen pflücken“, sagt Max Maus zur Mutter. „Ich kann schon ganz allein Gänseblümchen pflücken gehen.“ Max Maus geht in den Garten. Aber Alfred und Willi gehen auch in den Garten. Die beiden bringen mehr Gänseblümchen nach Hause als Max Maus. So viele Gänseblümchen, dass es für alle reicht.

Abends, als alle im Bett liegen, kann Max Maus nicht einschlafen. Ich würde so gern einmal etwas allein machen, denkt er.

Und am nächsten Morgen, ganz zeitig in der Früh, macht er es. Er schlüpft aus dem Haus und schleicht in den Garten. Jetzt kann er endlich etwas allein tun.

Max Maus pfeift und trällert ganz allein ein Lied und tanzt dazu. Es ist herrlich ohne Brüder. Er hüpft ganz allein durch den Garten. Er kugelt und purzelt herum. Es ist ein Riesenspaß ohne Brüder.

Er schlüpft zwischen den Blättern hindurch und versteckt sich mal da, mal dort, ganz allein. Es ist nur noch ein bisschen nett ohne Brüder. Max Maus marschiert weiter durch den Garten, ganz allein. Plötzlich bleibt er stehen. Er denkt nach. Und dann ist er sich ganz sicher: Es ist überhaupt nicht schön ohne Brüder.

Traurig setzt er sich nieder. Doch da … ein Geräusch! Max Maus schaut auf und … da sieht er Alfred und Willi, seine Brüder! Max Maus sagt: „Heute bin ich schon ganz allein hier im Garten gewesen. Aber wenn ihr wollt, können wir jetzt etwas zusammen unternehmen.“

Sie flitzen durch den Garten und rascheln durchs Laub und sammeln Nüsse und zupfen Gras und pflücken Blumen. Und dann …
Dann gehen sie zusammen heim. Sie bringen so viel nach Hause, dass es für alle reicht.

Aus: Barbara Firth und Martin Waddell: Max Maus und seine Brüder. München: Annette Betz Verlag, 1992.

Lies den Text aufmerksam und löse die folgenden Aufgaben.

1.1 Welche Überschrift würde auch zu der Geschichte passen?

- ☐ Ein unheimlicher Morgen
- ☐ Wintervorräte
- ☐ Die Eifersucht
- ☐ Eine glückliche Mäusefamilie

1.2 Wie viele Tiere kommen in der Geschichte vor?

- ☐ eins
- ☐ zwei
- ☐ drei
- ☐ vier

1.3 Warum geht Max Maus am nächsten Morgen in der Früh ganz alleine hinaus?

____

____

____

1.4 Kreuze alle richtigen Antworten an.
Max Maus findet, …

- ☐ es ist herrlich ohne Brüder.
- ☐ es ist ein Riesenspaß ohne Brüder.
- ☐ es ist nur noch ein bisschen nett ohne Brüder.
- ☐ es ist überhaupt nicht schön ohne Brüder.

1.5 Max Maus …

	stimmt	stimmt nicht
bringt kein Gras mit nach Hause.	☐	☐
geht am ersten Tag dreimal in den Garten.	☐	☐
ist der große Bruder von Alfred und Willi.	☐	☐
trifft im Garten seinen Freund.	☐	☐
ist am Ende der Geschichte glücklich.	☐	☐

1.6 Von welchen Dingen bringen die Brüder von Max Maus mehr als er nach Hause?

____

____

1.7 Wie viel Zeit vergeht ungefähr vom Anfang bis zum Ende der Geschichte?

- ☐ wenige Stunden
- ☐ ein Tag
- ☐ zwei Tage
- ☐ eine Nacht

1.8 Finde die richtige Reihenfolge.

- ☐ Max Maus ist traurig.
- ☐ Max Maus geht allein durch den Garten.
- [1] Max Maus geht in den Garten, um Nüsse zu sammeln.
- ☐ Max Maus freut sich, seine Brüder zu sehen.
- ☐ Max Maus geht ins Bett.

1.9 Alfred und Willi sind …

- [ ] fleißig, denn sie bringen immer genug Essen nach Hause.
- [ ] gemein, denn sie bringen immer mehr Essen als Max Maus mit.
- [ ] nicht nett, denn sie lachen Max Maus immer aus.
- [ ] herzlos, denn sie lassen Max Maus ganz allein in den Garten gehen.

1.10 Max Maus hat in dieser Geschichte etwas gelernt.
Stimmst du dem zu oder nicht?
Begründe mithilfe des Textes.

____

____

____

____

Text 2

Ritterspiele auf Schloss Frederiksburg 29. 8. – 2. 9.

Auch in diesem Jahr gibt es während unserer traditionellen Ritterspiele wieder viele Aktionen zum Mitmachen für Kinder. Angeboten werden die Aktionen von verschiedenen Vereinen der Stadt Frederiksburg.

Aktion 1 – Wappen herstellen

Zeit und Ort	30. August, 15.00 Uhr bis 16.30 Uhr, Treffen am Museumseingang
Programm	Wir schauen uns zunächst im Schlossmuseum die ausgestellten Wappen an. Eine Museumsmitarbeiterin wird uns die Symbole und Farben auf den Wappen erklären. Anschließend werden wir im Werkkeller der Frederiksburg ein eigenes Wappen aus Sperrholz herstellen.
Alter	Kinder ab 7 Jahren
Anbieter	Heimatverein, Leiterin Beate Nisius
Kosten	3,00 €
Anmeldung	Anmeldung erforderlich im Büro des Heimatvereins, Öffnungszeiten: Montag und Mittwoch, 16.00 – 18.00 Uhr

Aktion 2 – Spielen wie die Ritter

Zeit und Ort	Jeden Tag von 14.00 Uhr bis 15.00 Uhr, Treffen an unserem Stand im Burghof, bei schlechtem Wetter im Haupthaus, Zimmer 1
Programm	Wir lernen verschiedene Spiele aus der Zeit der Ritter kennen und spielen. Am letzten Veranstaltungstag führen wir ein großes Ringstechen-Turnier durch.
Alter	Kinder von 8 bis 10 Jahren
Anbieter	Mittelalterverein Frederiksburg, Leiter: Martin Steffen
Kosten	Es werden gerne Spenden für den Verein entgegengenommen.
Anmeldung	nicht erforderlich

Aktion 3 **Ein Burgfräulein im Mittelalter**

Zeit und Ort 29. August, 15.00 Uhr bis 17.00 Uhr,
Treffen im Haupthaus, Zimmer 3

Programm Wir schauen uns einen Film über das Leben eines jungen Burgfräuleins im Mittelalter an. Danach dürft ihr das passende Kostüm aus unserem Fundus anprobieren und wir üben eine Modenschau ein. Diese findet dann am nächsten Tag um 15.00 Uhr auf der großen Bühne der Burg statt.

Alter Mädchen ab 9 Jahren

Anbieter Laientheatergruppe Frederiksburg,
Leiterin: Carolin Seeger

Kosten keine

Anmeldung Anmeldung am Veranstaltungstag ab 14.00 Uhr bei Carolin Seeger

Aktion 4 **Kräuter und Gewürze des Mittelalters**

Zeit und Ort 30. und 31. August, 15.00 Uhr bis 18.00 Uhr,
Treffen in der Burgküche

Programm Wir lernen Kräuter und Gewürze kennen, die es bereits zur Zeit des Mittelalters gab, und bereiten damit unser Rittermahl vor. Am nächsten Tag essen wir gemeinsam. Zum Abschluss dürft ihr euer Lieblingsgewürz in einem kleinen Leinensäckchen mit nach Hause nehmen.

Alter ab 8 Jahren

Anbieter Kleingärtnerverein „Petersilie“,
Leiterin: Susanne Knieps

Kosten 4,50 €

Anmeldung Anmeldung erforderlich bei Susanne Knieps,
Telefon 02278 / 58694

Lies den Text aufmerksam und löse die folgenden Aufgaben.

2.1 Im Text findest du Aktionen …

- ☐ des Schlossherrn von Frederiksburg.
- ☐ der Freunde und Förderer der Ritterspiele GmbH.
- ☐ der ortsansässigen Vereine.
- ☐ des Stadttheaters.

2.2 Was darf die Gruppe machen, nachdem sie im Museum war?

____

____

2.3 Wann und wo kannst du dich anmelden, um an der Aktion „Wappen herstellen" teilzunehmen?

- ☐ Montags um 16.00 Uhr auf Schloss Frederiksburg.
- ☐ Hierfür musst du dich gar nicht anmelden.
- ☐ Montags um 17.00 Uhr bei Susanne Knieps.
- ☐ Mittwochs um 17.00 Uhr im Büro des Heimatvereins.

2.4 Maximilian hat nur einen Tag Zeit, um an einer Aktion teilzunehmen. Welche Aktion kommt für ihn infrage?

- ☐ Wappen herstellen
- ☐ Ein Burgfräulein im Mittelalter
- ☐ Spielen wie die Ritter
- ☐ Kräuter und Gewürze des Mittelalters

2.5 Lina möchte ihrer Mutter ein nützliches Geschenk machen. An welcher Aktion sollte sie dafür teilnehmen?

- ☐ Wappen herstellen
- ☐ Ein Burgfräulein im Mittelalter
- ☐ Spielen wie die Ritter
- ☐ Kräuter und Gewürze des Mittelalters

2.6 Tina ist sehr ängstlich, verkleidet sich aber gerne und möchte deshalb an der Aktion „Ein Burgfräulein im Mittelalter“ teilnehmen. Sabine sagt: „Tu das besser nicht, wenn du so ängstlich bist.“ Hat Sabine recht? Begründe deine Entscheidung.

2.7 Wieso kosten die Aktionen 1 und 4 Geld?

2.8 Bei den Beschreibungen der Aktionen erfährst du etwas darüber, …

	stimmt	stimmt nicht
wer teilnehmen darf.	☐	☐
wie viele Kinder teilnehmen dürfen.	☐	☐
ob die Aktion eher für Mädchen oder für Jungen gedacht ist.	☐	☐
wie viele Tage die Aktion dauert.	☐	☐
wer sich bereits angemeldet hat.	☐	☐
ob die Aktion schon ausgebucht ist.	☐	☐

2.9 Der achtjährige Justus möchte gerne an allen Aktionen teilnehmen. Ist das möglich?

2.10 Finden die Ritterspiele auf Schloss Frederiksburg zum ersten Mal statt? Begründe mithilfe des Textes.

Text 3

Der Hund und der Wolf

Es war in einem strengen Winter. Ein Wolf hatte schon seit Tagen vom Hunger geplagt den Wald durchzogen und nach Nahrung gesucht. Jeder Bissen hätte ihn erfreuen können, selbst der Rest einer verwesenden Maus, so ausgehungert war er.

Ein mageres Hündchen lief ihm unvorsichtigerweise über den Weg. Es bibberte vor Furcht und Kälte. „Du kommst mir wie gerufen", freute sich der Wolf und packte den Dreikäsehoch beim Fell.

„Halt, lieber Wolf, nicht so unüberlegt, siehst du denn nicht, wie ausgezehrt ich bin? Du musst dich ja vor mir ekeln." „Quatsch keinen Unsinn, ich bin nicht wählerisch", knurrte der Wolf verärgert.

„Du bringst dich um den besten Bissen deines Lebens!", kläffte das Hündchen. „Du müsstest mich erst einmal sehen, wenn ich mich morgen von den unzähligen Köstlichkeiten des Hochzeitsmahls gemästet habe. Morgen werde ich wohlgenährt sein und strotzen vor Fett. Denn dann heiratet die Tochter meines Herrn einen steinreichen Gutsbesitzer. Speisen gibt es dort, Speisen! Feinster Rehbraten, würziger Schinken, Kalbsnieren und Hammelkeulen, Rindsbraten und duftende Mettwürste!" Der pfiffige Köter machte dem Wolf den Mund wässrig mit einer endlosen Aufzählung auserwählter Leckereien. „Das wäre ein Essen für dich", schloss er seine Schilderung, „und nicht meine miese Figur von heute. Komm morgen Nacht auf unseren Hof, dann will ich dir dienen. Aber sei leise, mein Herr hat gute Ohren."

Der Wolf war ganz verrückt geworden von all den herrlichen Speisen, die der kleine Schlauberger ihm vorgesponnen hatte. Er ging auf den Vorschlag des Hündchens ein und ließ es laufen.

In der folgenden Nacht schlich er behutsam auf den Hof, um ein Festmahl zu halten. Der kleine Hund lag auf dem Vordach und rief: „Willkommen, lieber Wolf! Ich freue mich, dass du meine Einladung angenommen hast. Warte einen Augenblick, ich will meinem Herrn sofort Bescheid geben, damit er kommt und dich festlich bewirtet." Und er bellte aus Leibeskräften.

Sofort schlugen auch die Wachhunde an, und der Herr stürmte bald darauf aus dem Haus, um die Hunde loszulassen. Aber der Wolf war schon laut schimpfend geflüchtet.

nach Aesop

Lies den Text aufmerksam und löse die folgenden Aufgaben.

3.1 Wieso freut sich der Wolf, als ihm der Hund über den Weg läuft?

- ☐ Weil er einsam ist.
- ☐ Weil er Hunger hat.
- ☐ Weil er auf den Hof will.
- ☐ Weil ihm kalt ist.

3.2 Der Hund erzählt von einem Hochzeitsmahl. Warum?

____

____

____

3.3 Wann soll die Hochzeit stattfinden?

- ☐ am nächsten Tag
- ☐ in zwei Tagen
- ☐ in einer Woche
- ☐ im Sommer

3.4 Wie geht es dem Wolf am Ende der Geschichte?

- ☐ Er ist zufrieden.
- ☐ Er ist satt.
- ☐ Er ist ängstlich.
- ☐ Er ist verärgert.

3.5 Lena sagt: „Der Wolf freut sich über das leckere Essen auf der Hochzeit, weil er auch dort hingehen will.“
Stimmst du ihr zu? Begründe.

____

____

____

3.6 Nummeriere in der richtigen Reihenfolge.

- ☐ Der Hund erzählt vom Hochzeitsmahl.
- ☐ Der Wolf flüchtet.
- ☐ Der Wolf lässt sich auf den Vorschlag ein.
- ☐ Der Hund trifft den Wolf.
- ☐ Der Wolf lässt den Hund laufen.
- ☐ Der Wolf kommt auf den Hof.
- ☐ Die Wachhunde bellen.

3.7 Findet die Hochzeit zwischen der Tochter des Hofbesitzers und dem Gutsbesitzer statt?

____

____

____

3.8 Lukas sagt: „Der Hund ist am Ende gar nicht mehr so ängstlich, wie er am Anfang der Geschichte wirkt."

Stimmst du ihm zu? Begründe.

____

____

____

____

3.9 Welche Aussage aus dem Text bezieht sich **nicht** auf den Hund?

- ☐ kleiner Schlauberger
- ☐ pfiffiger Köter
- ☐ würziger Schinken
- ☐ Dreikäsehoch

3.10 Warum bellt der kleine Hund am Ende der Geschichte?

Text 4

Projektwoche

Montag, 21. Mai

Liebe Schülerinnen und Schüler,

schon bald beginnt unsere lang erwartete Projektwoche. Der Zirkus „Vorhang auf" ist vom 11. bis 15. Juni bei uns zu Gast. Am Samstag, den 16. Juni, findet dann unsere große Aufführung mit allen Schülerinnen und Schülern der Schule im Zirkuszelt auf dem Schulhof statt.

Du musst dich bis morgen entscheiden, an welchem Projekt du teilnehmen möchtest. Gib bitte auch einen zweiten Wunsch an, denn es könnte sein, dass sich für deinen Erstwunsch schon zu viele Kinder angemeldet haben.

Fülle den unteren Abschnitt aus und wirf ihn in den Briefkasten am Lehrerzimmer. Wenn du noch Fragen hast oder Hilfe bei deiner Entscheidung brauchst, dann frage deinen Klassenlehrer oder deine Klassenlehrerin.

Mit freundlichen Grüßen

N. Cornelius
Schulleiterin

Projekt Nr. 1

Jonglieren und Balancieren

Du lernst mit Tüchern und Bällen die Kunst des Jonglierens.
Du balancierst auf einem Seil und auf großen luftgefüllten Bällen.
Für die Aufführung dürft ihr als Gruppe ein Kostüm und ein passendes Musikstück aussuchen.

Projekt Nr. 2

Clownerie

Du wirst mit „Pepe dem Clown" lustige Sketche einüben. Außerdem besuchst du am dritten Projekttag die Kinder-Comedy-Hall in der Stadt. Für den Ausflug musst du zusätzlich 3,– € bei deinem Klassenlehrer oder deiner Klassenlehrerin abgeben.

Projekt Nr. 3

Fakire

Dieses Projekt ist nur für Furchtlose! Du lernst die Künste aus Tausendundeiner Nacht kennen. Du darfst keine Angst vor Nägeln, Scherben und Feuer haben. Bei diesem Projekt dürfen sich nur Schülerinnen und Schüler der 3. und 4. Klassen anmelden!

Projekt Nr. 4

Zauberei

Wenn du schon immer ein Kaninchen verschwinden lassen wolltest, bist du bei diesem Projekt genau richtig. Was weg ist, kommt wieder, oder doch nicht? Oder anders? Lass dich überraschen. Als Kostüm für die Aufführung erhältst du einen schwarzen Frack mit Zylinder.

Projekt Nr. 5

Akrobatik

Du bist besonders sportlich und schwindelfrei? Dann melde dich zum Projekt Akrobatik an. Im lässigen Trikot, in den Farben Rot und Blau, wirst du mit deinen Mitschülern Pyramiden bauen und am Boden turnen.

Projekt Nr. 6

Einrad fahren

Dieses Projekt richtet sich an die unteren beiden Klassen. Du lernst das Einradfahren und verschiedene Tricks darauf. Das Einrad wird gestellt.

Name: ______________________ **Klasse:** ______________

Kreuze an:

Erster Wunsch

- ☐ 1. Projekt
- ☐ 2. Projekt
- ☐ 3. Projekt
- ☐ 4. Projekt
- ☐ 5. Projekt
- ☐ 6. Projekt

Zweiter Wunsch

- ☐ 1. Projekt
- ☐ 2. Projekt
- ☐ 3. Projekt
- ☐ 4. Projekt
- ☐ 5. Projekt
- ☐ 6. Projekt

Lies den Text aufmerksam und löse die folgenden Aufgaben.

4.1 Wo müssen die Schülerinnen und Schüler den unteren Abschnitt abgeben?

____

____

4.2 Wie lange dauert es noch, bis die Projektwoche anfängt?

- ☐ 21 Tage
- ☐ 4 Wochen
- ☐ bis zum 16. Juni
- ☐ bis zum 21. Mai

4.3 Bei welchem Projekt darfst du dir ein Kostüm aussuchen?

____

____

4.4 Wohin findet bei einem Projekt der Ausflug statt?

- ☐ zu Pepe dem Clown
- ☐ in ein Märchenzelt aus Tausendundeiner Nacht
- ☐ in eine Zaubershow
- ☐ in die Kinder-Comedy-Hall

4.5 Wovor darf man bei Projekt Nr. 3 keine Angst haben? Kreuze alle richtigen Antworten an.

- ☐ vor Feuer
- ☐ vor Nägeln
- ☐ vor Fakiren
- ☐ vor Scherben

4.6 Kreuze an, was stimmt.

- [ ] Im Projekt Akrobatik hat man rote und blaue Kleidung an.
- [ ] Im Projekt Akrobatik darf man nicht schwindelfrei sein.
- [ ] Im Projekt Nr. 6 wird am Boden geturnt.
- [ ] Im Projekt Akrobatik werden Pyramiden aus Dosen gebaut.

4.7 Lilli aus der 2. Klasse hat überhaupt keine Angst und möchte gern bei den Fakiren mitmachen.

Darf sie das? Begründe mithilfe des Textes.

____

____

____

4.8 Den Kindern wird in den Projekten nicht angeboten, ...

- [ ] auf Tüchern zu balancieren.
- [ ] auf einem Einrad zu fahren.
- [ ] Kaninchen wegzuzaubern.
- [ ] Sketche einzuüben.

4.9 Aus wie vielen Projekten können die Kinder der 3. Klasse wählen?

- [ ] 3
- [ ] 4
- [ ] 5
- [ ] 6

4.10 Lukas ist in der 2. Klasse und möchte gern beim Einradfahren mitmachen. Er hat kein eigenes Einrad.
Darf er bei dem Projekt mitmachen? Begründe.

____

____

____

____

4.11 Bei welchen Projekten gibt es vorgegebene Kostüme?

- ☐ bei allen Projekten
- ☐ bei keinem Projekt
- ☐ bei den Projekten 1 und 2
- ☐ bei den Projekten 4 und 5

4.12 Mohamed findet es ungerecht, dass er einen Ersatzwunsch angeben soll und dann vielleicht nicht sein erster Wunsch bei der Projektwahl berücksichtigt wird.
Findest du das auch? Begründe mithilfe des Textes.

____

____

____

____

4.13 Was gehört zu Projekt Nr. 4?

- ☐ zaubern
- ☐ balancieren
- ☐ turnen
- ☐ seiltanzen

Text 5

Turnhalle der Erich-Kästner-Grundschule
Offene Ganztagsgrundschule

Belegungsplan am Vormittag

	Montag	Dienstag	Mittwoch	Donnerstag	Freitag
8.00 – 8.45	Klasse 1a	Klasse 1b	Klasse 3a	Klasse 3b	Klasse 4a
8.50 – 9.35	Klasse 1a	Klasse 1b	Klasse 3a	Klasse 3b	Klasse 4a
			1. Pause		
10.00 – 10.45	Klasse 2a	Klasse 2b	Klasse 4b	Klasse 1a	Klasse 2a
10.50 – 11.35	Klasse 2a	Klasse 2b	Klasse 4b	Klasse 1b	Klasse 2b
			2. Pause		
11.45 – 12.30	Klasse 3a	Klasse 3b	Klasse 4a		Klasse 4b
12.35 – 13.20	Förderturnen Klasse 1 und 2	Förderturnen Klasse 3 und 4			

Während der Mittagszeit bleibt die Turnhalle geschlossen!

Belegungsplan am Nachmittag

	Montag	Dienstag	Mittwoch	Donnerstag	Freitag
14.30 – 15.30	Basketball-AG Anfänger	Tanz-AG für Mädchen 3. und 4. Klasse	Trampolin-AG „Springmäuse“ alle Klassen	Fußball-AG 1. und 2. Klasse	Tischtennis-AG alle Klassen
15.30 – 16.30	Fußball-AG 3. und 4. Klasse	Theater-AG „Vorhang auf“ alle Klassen	Basketball-AG Fort-geschrittene	Hip-Hop-Kurs Anfänger und Fort-geschrittene	
16.30 – 17.30	Völkerball-AG 1. und 2. Klasse	Theater-AG „Vorhang auf“ alle Klassen		Völkerball-AG 3. und 4. Klasse	

Am Nachmittag muss jede Gruppenleiterin und jeder Gruppenleiter dafür sorgen, dass die Turnhalle pünktlich aufgeräumt und sauber der nächsten Gruppe übergeben wird!
Die letzte Gruppe am Tag muss den Schlüssel zurück zum Hausmeister bringen!

1 AG = Abkürzung für „Arbeitsgemeinschaft“; also eine Gruppe, die außerhalb des Unterrichts freiwillig von den Schülerinnen und Schülern besucht werden kann.

Lies den Text aufmerksam und löse die folgenden Aufgaben.

5.1 Welche Klasse hat am Mittwoch in der 3. und 4. Stunde Sportunterricht?

- ☐ Klasse 4a
- ☐ Klasse 4b
- ☐ Klasse 3a
- ☐ Klasse 3b

5.2 Wie lange dauert die 2. Pause?

Die 2. Pause dauert ________ Minuten.

5.3 Manuel muss montags in der 6. Stunde zum Förderturnen. Wann muss er da sein?

- ☐ 11.35 Uhr
- ☐ 11.45 Uhr
- ☐ 12.35 Uhr
- ☐ 13.20 Uhr

5.4 An welchen Tagen hat die Klasse 2b Sportunterricht?

____

____

5.5 Wie viele Sportstunden hat jede Klasse in der Woche (ohne Förderunterricht)?

- ☐ zwei Stunden
- ☐ drei Stunden
- ☐ vier Stunden
- ☐ unterschiedlich viele

5.6 Die Sportlehrerin der Klassen 2a und 2b möchte noch eine zusätzliche Sportstunde für beide Klassen gemeinsam am Vormittag anbieten. Diese darf aber nicht an einem Tag sein, an dem die Kinder schon Sportunterricht haben.

Suche mithilfe des Belegungsplanes heraus, wann die zusätzliche Sportstunde stattfinden kann.

____

____

____

5.7 Maria ist in der 1. Klasse und möchte gerne tanzen lernen.
Welchen Kurs kann sie dafür besuchen?
Wann findet dieser statt?

____

____

5.8 Wie heißt die Theater-AG der Schule?

____

5.9 An welchen Tagen kann in der Schule Fußball gespielt werden?

____

____

5.10 Sind die Aussagen richtig oder falsch? Kreuze an.

	richtig	falsch
Die Tanz-AG der Schule heißt „Springmäuse“.	☐	☐
Die Basketball-AG für Fortgeschrittene findet montags statt.	☐	☐
Lina aus der Klasse 1 a braucht montags und donnerstags ihre Turnsachen.	☐	☐
In der Mittagszeit dürfen die Kinder in der Turnhalle spielen.	☐	☐
Die letzte Gruppe am Nachmittag muss den Turnhallenschlüssel zum Hausmeister bringen.	☐	☐

Text 6

Der Brief

Eines Tages kam Klara zu mir und fragte: „Hast du die Post heute schon gesehen?“ „Nein“, sagte ich. „Ich habe wieder keinen Brief! Mama hat einen Brief. Papa hat zwei Briefe und eine Zeitung. Alle bekommen Briefe. Nur ich nicht!“ „Ich bekomme auch keine“, sagte ich. „Dich zähle ich gar nicht“, zischte sie. „Du kannst sowieso nicht lesen. Das weiß doch jeder! Warum soll dir da jemand Briefe schreiben? Aber ich kenne schon seit drei Wochen alle Buchstaben, und kein einziger Brief kommt für mich! Warum habe ich mir so viel Mühe gegeben, lesen zu lernen?“

„Bitte, bitte Klara, ärgere dich nicht!“, versuchte ich sie zu trösten. „Die Leute wissen bestimmt noch nicht, dass du lesen kannst. Sonst hätten sie dir schon viele Briefe geschrieben!“ „Meinst du wirklich?“ „Ganz sicher!“ „Das glaube ich nicht“, sagte sie und ging weg. Und sie war sehr traurig.

Meine arme Schwester Klara tat mir jetzt schrecklich leid. Dass sie seit drei Wochen jeden Tag auf die Post wartete, hatte ich schon längst gemerkt. Schade, dass kein Brief für sie kam. Wenn ich hätte schreiben können, hätte ich ihr sofort einen Brief geschrieben.

Ich überlegte und überlegte, und dann ging ich zu Toni, unserem Nachbarn. Er war Student und las dicke Bücher, er konnte sicher auch schreiben. „Toni! Toni!“, rief ich schon draußen vor der Tür. „Willst du wieder einen Euro haben?“, fragte er, als er mich auf der Schwelle stehen sah. „Nein, nein“, sagte ich, „aber du musst der armen Klara einen Brief schreiben!“ Und ich habe ihm alles erzählt. Toni lachte und sagte: „Gut, ich werde ihr einen Brief schreiben. Aber du darfst Klara kein Wort sagen.“ „Ich sage kein Wort. Ehrenwort!“, sagte ich und spuckte hinter mich auf den Fußboden. Das macht man, um zu beweisen, dass man sein Ehrenwort hält.

Der Brief kam schon am nächsten Tag. Und als Klara die Post holte, traute sie ihren Augen nicht. Sie strahlte wie ein Honigkuchenpferd und schrie: „Ich habe einen Brief bekommen! Ich habe einen Brief bekommen!“ „Darf ich ihn auch sehen?“, fragte ich und tat so, als ob ich gar nichts von dem Brief wüsste. „Nein“, sagte sie. „Briefe sind ein Geheimnis.“ „Bitte, bitte Klara!“ „Na gut, aber nur, weil du mein Bruder bist.“ Dann machte Klara es sich auf ihrem Bett bequem, und ich setzte mich neben sie. Aber sofort sprang sie wieder auf und holte von Papas Schreibtisch einen Brieföffner. Sie setzte sich wieder aufs Bett und öffnete den Brief ganz vorsichtig, als wäre er aus Gold. „So öffnet man

Briefe“, sagte sie. „Das kannst du von mir lernen.“ „Gut“, sagte ich. „Ich werde später alle meine Briefe so öffnen.“

Dann las Klara quietschvergnügt ihren Brief vor: „Liebe Klara! Dein Bruder hat mir gesagt, dass du schon lesen und schreiben kannst. Da habe ich mir gedacht, ich schreibe dir einen Brief. Wenn ich es früher gewusst hätte, hätte ich dir schon längst geschrieben. Deine Großeltern wissen sicher auch nicht, dass du schon lesen und schreiben kannst. Schreib ihnen doch mal. Sie werden sich riesig freuen, einen Brief von dir zu bekommen. Weißt du, Klara, wenn man Briefe bekommen will, dann muss man auch selbst schreiben. Herzliche Grüße, Dein Nachbar Toni.“

Klara sprang vom Bett auf und sagte: „Jetzt werde ich ganz viele Briefe schreiben!“ Und sie begann wirklich sofort zu schreiben. Sie schreibt jetzt Briefe an alle möglichen Leute. Und sie bekommt viel Post. Ehrenwort.

Aus: Dimiter Inkiow, Ich und meine Schwester Klara – Die lustigsten Streiche der Welt, Der Brief, Seite 12–16, ellermann im Dressler Verlag GmbH, Hamburg, 2013

Lies den Text aufmerksam und löse die folgenden Aufgaben.

6.1 Vermute, in welche Klasse Klara geht. Kreuze an.

☐ Klara geht noch nicht in die Schule.

☐ Klara geht in die 1. oder 2. Klasse.

☐ Klara geht in die 3. oder 4. Klasse.

☐ Klara geht schon auf die weiterführende Schule.

6.2 Welche Aussagen sind richtig, welche sind falsch? Kreuze an.

	richtig	falsch
Alle aus der Familie bekommen an dem ersten Morgen im Text Briefe, nur Klara nicht.	☐	☐
Mama hat heute einen Brief und eine Zeitung bekommen.	☐	☐
Papa hat heute zwei Briefe und eine Zeitung bekommen.	☐	☐
Klara wartet auf die Post, seit sie alle Buchstaben kann.	☐	☐

6.3 Warum schreibt Klaras Bruder ihr keinen Brief? Kreuze an.

- ☐ Er hat keine Lust, ihr einen Brief zu schreiben.
- ☐ Er kann noch nicht schreiben.
- ☐ Er weiß nicht, dass Klara einen Brief möchte.
- ☐ Er hat ihr schon einen Brief geschrieben.

6.4 Was erfährst du über Toni? Kreuze alle richtigen Antworten an.

- ☐ Toni ist Klaras Nachbar.
- ☐ Toni will den Euro von Klaras Bruder zurückhaben.
- ☐ Toni ist aus Klaras Klasse.
- ☐ Toni hilft Klaras Bruder.

6.5 Als Klara sich ärgert, ist sie nicht sehr nett zu ihrem Bruder. An welcher Aussage von ihr sieht man das? Gib die Zeilen an.

Zeilen ______________

6.6 Verbinde so, dass passende Sätze entstehen.

Zunächst möchte Klara nicht, dass ihr Bruder den Brief sieht, denn …	… er ihr Bruder ist.
Nachdem Klaras Bruder sie aber darum bittet, willigt sie ein, weil …	… einen Brieföffner zu holen.
Klara macht es sich auf dem Bett bequem und …	… Briefe sind ein Geheimnis.
Sofort springt Klara wieder auf, um …	… ihr Bruder setzt sich neben sie.

6.7 Warum hat Toni Klara nicht schon früher einen Brief geschrieben? Begründe deine Antwort mit dem Text.

____

____

____

____

____

____

6.8 Welchen Tipp hat Toni für Klara?

- ☐ Klara soll ihrem Bruder beibringen, wie man Briefe mit einem Brieföffner öffnet.
- ☐ Klara soll mal wieder ihre Großeltern besuchen, damit diese ihr Briefe schreiben.
- ☐ Klara soll selbst Briefe schreiben, wenn sie welche bekommen möchte.
- ☐ Klara soll sich bei ihrem Bruder bedanken, denn der war extra bei Toni, um ihm zu sagen, dass Klara schon lesen und schreiben kann.

6.9 Klara durchlebt an dem Tag viele Gefühle. Nummeriere sie in der richtigen Reihenfolge.

- ☐ Klara ist quietschvergnügt.
- ☐ Klara ist verärgert.
- ☐ Klara ist traurig.
- ☐ Klara ist gespannt.

6.10 Schaue dir das Bild genau an. Welche Szene aus der Geschichte zeigt es? Beschreibe die Szene mit eigenen Worten in 3 bis 4 Sätzen.

Text 7

Mensch ärgere dich nicht

An einem sonnigen Freitag im Mai zog Noras Oma um. Von ihrer Wohnung, in der sie dreißig Jahre lang gewohnt hatte, in ein Altersheim. Eigentlich war Noras Oma noch gar nicht so alt. Wenn sie lachte, sah sie aus wie ein junges Mädchen, und Noras Oma lachte viel. Alt war nur Omas Körper. Ihr Rücken war ganz krumm und das Treppensteigen machte ihr furchtbare Mühe.

Das Altersheim lag am Rand der Stadt. Es hieß Rosenhof und sah von außen aus wie ein Hotel. Es hatte eine große Empfangshalle, ein Gartencafé und Aufzüge, die zu den Apartments führten. So hießen die Wohnungen im Rosenhof. Omas Apartment hatte die Nummer 33 und lag im dritten Stock.

„Ist doch hübsch hier, findest du nicht?“, fragte Mama fröhlich, als die Pflegerin ihnen die Tür aufschloss. „Schau mal, du hast sogar einen kleinen Balkon.“ Oma stand nur da und seufzte. Mama und Papa fingen an, die Kisten auszupacken, und als Oma zum zehnten Mal seufzte, schlug Papa vor: „Warum geht ihr zwei nicht in den Rosengarten? Ihr könnt ein Eis essen und wenn ihr wiederkommt, haben wir den Großteil schon geschafft.“ Oma seufzte noch mal, aber Nora nahm sie an die Hand und zog sie mit nach draußen.

Das Café war gut besucht. Die Sonne schien und alle Tische waren besetzt.

Da ertönte von einem der hinteren Tische plötzlich eine laute Stimme: „So ein Schweinemist!“ Erschrocken reckte Nora den Hals und grinste. An einem Tisch saßen eine ältere Dame mit grauem Dutt und ein Mädchen mit roten Haaren. Vor den beiden lag ein Mensch-ärgere-dich-nicht-Spiel. Das Schimpfen war von der älteren Dame gekommen. Als sie Nora und ihre Oma jedoch bemerkte, winkte sie ihnen lachend zu: „Hier sind noch zwei Plätze frei!“ Ein winziges Lächeln huschte über das Gesicht von Noras Oma. „Ich heiße Mona“, sagte das Mädchen und ihre Großmutter hieß Magdalena Meyer. „Sie sind neu hier, nicht wahr?“, fragte sie Noras Oma. Noras Oma nickte. „Nummer 33“, sagte sie. „Dann sind wir ja Nachbarinnen“, freute sich Frau Meyer. „Ich wohne in Nummer 32. Sie spielen nicht zufällig gern Mensch ärgere dich nicht?“ Nora kicherte, und ihre Oma musste lachen. „Zufällig doch“, sagte sie.

Aus: Isabel Abedi, Leselöwen Freundinnengeschichten.
Bindlach: Loewe Verlag, 2006 (gekürzte Fassung)

Lies den Text aufmerksam und löse die folgenden Aufgaben.

7.1 Welche Personen spielen unter anderen in der Geschichte mit?

- ☐ zwei Omas und ihre Enkelinnen
- ☐ Frau Meyer, Nora, Magdalena und ihre Oma
- ☐ ein Arzt, eine Pflegerin, Nora und ihre Oma
- ☐ zwei Omas, Mona und ihre Eltern

7.2 Warum soll Noras Oma in ein Altersheim ziehen?

- ☐ Weil sie gerne Mensch ärgere dich nicht spielt.
- ☐ Weil ihr die Wohnung zu groß geworden ist.
- ☐ Weil sie Nora und ihre Eltern in der Nähe haben möchte.
- ☐ Weil ihr das Leben in ihrer Wohnung körperlich schwergefallen ist.

7.3 Welche Aussagen sind richtig, welche sind falsch? Kreuze an.

	richtig	falsch
Noras Oma wohnt in Apartment 32.	☐	☐
Noras Oma ist ein junges Mädchen.	☐	☐
Der Rosenhof ist auch ein Hotel.	☐	☐
Omas Apartment liegt im dritten Stock und hat einen Balkon.	☐	☐

7.4 Woran merkt man, dass der Umzug Noras Oma sehr schwerfällt?

____

____

____

7.5 Was wird über Omas neues Zuhause gesagt?
Unterstreiche alle Sätze, die darüber Auskunft geben.

7.6 Warum geht es Noras Oma am Ende der Geschichte wieder besser, sodass sie sogar lachen muss?

- ☐ Sie findet das Mädchen mit den roten Haaren so lustig.
- ☐ Die Sonne scheint und da geht es Oma immer gut.
- ☐ Weil sie ins Café gehen und ein Eis essen wollen.
- ☐ Weil sie ihre neue Nachbarin kennengelernt hat und nun merkt, dass es im Altersheim nette Leute gibt.

7.7 Wer sagt das?

	Mama	Papa	Oma	Frau Meyer	Nora
„Hier sind noch zwei Plätze frei!“	☐	☐	☐	☐	☐
„Warum geht ihr zwei nicht in den Rosengarten?“	☐	☐	☐	☐	☐
„Zufällig doch.“	☐	☐	☐	☐	☐
„Ist doch hübsch hier, findest du nicht?“	☐	☐	☐	☐	☐

7.8 Die Reihenfolge ist durcheinandergeraten.
Nummeriere die Sätze in der richtigen Reihenfolge.

☐ Das Schimpfen war von der älteren Dame gekommen.
☐ An einem sonnigen Freitag im Mai zog Noras Oma um.
☐ Die Sonne schien und alle Tische waren besetzt.
☐ Oma stand nur da und seufzte.

7.9 Warum heißt der Text „Mensch ärgere dich nicht“?

1. ______________________________

____

____

2. ______________________________

____

____

7.10 Wer hilft Noras Oma, damit ihr der Umzug nicht so schwerfällt?
Kreuze alle richtigen Antworten an.

☐ Mama und Papa, weil sie die Umzugskisten auspacken.
☐ Nora, weil sie sich um Oma kümmert.
☐ Frau Meyer, weil Noras Oma durch sie neuen Mut fasst.
☐ Mona, weil sie sich mit Nora anfreundet.

Text 8

Ermittlungserfolg nach Blick aus dem Fenster

Kommissar Zufall half bei Fahndung nach unfallflüchtigem[1] Lkw-Fahrer

sz Siegen. Zwei Monate lang hatte die Siegener Polizei in alle Richtungen ermittelt. Schließlich galt es, einen Unfallflüchtigen zu ermitteln, der Mitte April auf der Hüttentalstraße einen massiven Metallring von seinem Lkw verloren hatte. Die Beamten holten sich sogar Hilfe der Kollegen aus dem Ruhrgebiet. Alles ohne Erfolg. Bis Hauptkommissar Gerhard Schulze vor einigen Tagen aus dem Fenster seines Büros schaute und einen Lkw erblickte, der dem von den Geschädigten[2] beschriebenen Fahrzeug verblüffend ähnlich war.

Doch der Reihe nach: Wie berichtet, hatten zwei Autofahrer am 21. April Glück im Unglück gehabt. Der 25 Kilo schwere Metallring war mit der Wucht eines tödlichen Geschosses über die Mittelleitplanke gesprungen und hatte die Fahrzeuge der beiden Geschädigten erheblich demoliert. Der 38-Jährige und der 24-Jährige kamen mit dem Schrecken davon. Der Lkw-Fahrer war noch ausgestiegen, entfernte sich aber danach vom Unfallort – Unverständnis machte sich bei den beiden geschockten Autofahrern und der Polizei breit.

Letztere klapperte zahlreiche Speditionen[3] ab. Ohne ein Erfolgserlebnis.

Gerhard Schulze blickt zurück: „Wir hatten ja eine recht brauchbare Beschreibung des Sattelzugs[4]. Insbesondere der Anhänger wies einige auffällige Merkmale, u. a. einen Werbeaufdruck, auf." Dieser Werbeaufdruck sorgte schließlich dafür, dass Schulze und seine Kollegen vor einigen Tagen per Zufall auf eine neue Spur gebracht wurden. Der Hauptkommissar erkannte die Merkmale auf einem Lkw, der bei seinem Blick aus dem Fenster gerade die Untere Rolandstraße passierte.

Diese neue und ebenso heiße Spur führte die Ermittler zu einer Spedition im benachbarten Hessen. Das Unternehmen bestätigte sogleich, dass man entsprechende Stahlringe zur Transportsicherung verwende. Ebenso bestätigte die Spedition, dass das Fahrzeug zur entsprechenden Zeit auf der Hüttentalstraße unterwegs gewesen sei.

Der Unfallfahrer – ein 70-jähriger Mann – war mittlerweile nicht mehr bei der Spedition beschäftigt. Ihn zu ermitteln, war aber die leichteste Übung in dem kniffligen Fall. Der 70-Jährige erklärte bei einem Verhör, dass er den Verlust des Stahlrings zwar bemerkt, jedoch nicht mitbekommen habe, dass er einen doppelten Unfall auf der Gegenfahrbahn verursacht hatte. Die Polizei ermittelt nun weiter.

Aus: Siegener Zeitung, 26. Juni 2010, Redaktion Siegener Zeitung, leicht gekürzt und verändert.

Worterklärungen

1 Unfallflüchtiger: jemand, der einen Unfall verursacht hat und dann flieht

2 Geschädigter: jemand, der ohne Schuld bei einem Unfall einen Schaden hat

3 Spedition: eine Firma, die viele Lkws besitzt, mit denen Waren von Ort zu Ort gebracht werden

4 Sattelzug: anderes Wort für Lkw

Lies den Text aufmerksam und löse die folgenden Aufgaben.

8.1 Wieso half „Kommissar Zufall“ bei der Fahndung nach dem unfallflüchtigen Lkw-Fahrer?

- ☐ Der Name des Kommissars lautet Zufall.
- ☐ Der Name der Spedition lautet Zufall.
- ☐ Der Kommissar hat zufällig den unfallflüchtigen Lkw entdeckt.
- ☐ Der Unfall fand zufällig auf der Hüttentalstraße statt.

8.2 Welche der Angaben ist falsch?

- ☐ Der Unfallfahrer ist ein 70-jähriger Mann.
- ☐ Der Metallring ist 25 Kilo schwer.
- ☐ Einer der Geschädigten ist 24 Jahre alt.
- ☐ Der Kommissar entdeckte den Lkw am 21. April.

8.3 Wieso hat der Lkw-Fahrer einen „doppelten Unfall“ verursacht?

- ☐ Weil der Metallring zwei Autos beschädigt hat.
- ☐ Weil der Sattelzug ebenfalls beschädigt wurde.
- ☐ Weil die Polizei noch weiter ermittelt.
- ☐ Weil der Lkw-Fahrer erst den Unfall verschuldet hat und dann geflüchtet ist.

8.4 Woran konnte der Hauptkommissar den Lkw wiedererkennen?

____

____

____

8.5 Welche Aussagen sind richtig, welche falsch?

	richtig	falsch
Der 24-jährige Autofahrer erkannte den Lkw wieder.	☐	☐
Die Spedition befindet sich in der Hüttentalstraße.	☐	☐
Die Polizei holte sich Hilfe aus dem Ruhrgebiet.	☐	☐
Ein 25 Kilo schwerer Metallring beschädigte die Fahrzeuge.	☐	☐

8.6 Warum hatte der Sattelzug die Metallringe dabei?

- ☐ Die Metallringe befinden sich an den großen Reifen der Sattelzüge und dienen der Stabilität der Reifen.
- ☐ Die Metallringe wurden von der Spedition an eine Firma in Hessen geliefert.
- ☐ Mithilfe der Metallringe wird die Ware gesichert.
- ☐ Die Metallringe wurden von der Spedition nach Siegen transportiert.

8.7 Wann entdeckte der Hauptkommissar den Lkw beim Blick aus dem Fenster?

- ☐ am 21. April
- ☐ Mitte April
- ☐ am 26. Juni
- ☐ einige Tage vor dem 26. Juni

8.8 Unterstreiche die Textstelle, die Auskunft darüber gibt, ob sich die Unfallgeschädigten bei dem Unfall verletzt haben.

8.9 Das Büro des Hauptkommissars befindet sich in der Unteren Rolandstraße. Welche Zeilen im Text belegen das?

Zeilen ____________________

8.10 Der Unfallfahrer erklärte bei der Polizei, dass er nicht mitbekommen habe, dass er den Unfall verursacht hat. Die Polizei ermittelt trotzdem weiter.
Warum glaubt sie dem Unfallfahrer nicht?

- ☐ Weil der Unfallfahrer nach dem Unfall zuerst ausgestiegen und danach wieder weitergefahren ist.
- ☐ Weil er schon 70 Jahre alt ist.
- ☐ Weil er nicht mehr bei der Spedition arbeitet.
- ☐ Weil die Spedition bestätigte, dass er auf der Hüttentalstraße war.

Text 9

Der kleine Ritter Trenk

Jetzt will ich vom kleinen Ritter Trenk vom Tausendschlag erzählen, der so tapfer war und so schlau und außerdem auch noch so nett, dass er berühmt wurde von den Bergen bis zum Meer, und das war damals fast die ganze Welt, musst du bedenken, weil Amerika ja noch nicht entdeckt war.

Als Trenk geboren wurde, hätte niemand geglaubt, dass er einmal so ein großer und stolzer Ritter werden würde, denn geboren wurde er in einer winzigen kleinen Bauernkate, in der die Regentropfen durch das undichte Strohdach fielen und der Qualm vom offenen Feuer die Luft verpestete und in der sein Vater Haug und seine Mutter Martha und seine kleine Schwester Mia-Mina und natürlich auch Trenk alle zusammen mit ihrer mageren Ziege und einem Ferkel in einem einzigen winzigen Raum auf dem Lehmboden schliefen. Trenks Vater war nämlich ein Bauer, und wenn du jetzt denkst, dass das doch gar keine so üble Sache war (auch wenn es damals natürlich noch keine Traktoren und keine großen Mähdrescher gab), dann muss ich dir leider sagen, dass Bauern es in den alten Zeiten ganz und gar nicht so schön hatten, wie du vielleicht glaubst. In der Zeit, von der ich erzählen will, gehörten den Bauern nämlich das Land, das sie bebauten, und die Kühe, die sie molken, und die Schweine, die sie schlachteten, kein bisschen; auch nicht die Katen, in denen sie wohnten, und nicht einmal sie selbst und ihre Frauen und ihre Kinder.

Ja, nicht einmal sie selbst und ihre Frauen und Kinder gehörten ihnen! All das gehörte dem Ritter, der in seiner großen, stolzen Burg hoch über dem Tal wohnte, und für den mussten sie darum auch ordentlich schuften. Sie mussten ihm von dem Getreide abgeben, das sie ernteten, und von dem Kohl und den Rüben; er bekam Fleisch von ihren Schweinen und Käse aus der Milch ihrer Kühe und Ziegen; und wenn er ihnen Nachricht schickte, dass sie jetzt mal ein bisschen auf *seinen* Feldern arbeiten sollten oder ihm einen neuen Brunnen graben, aber *hoppla-hopp!*, dann mussten sie ihre armseligen Hacken hinschmeißen und ihre Arbeit liegen lassen und rennen. Und dass ihnen deshalb ihr eigenes Getreide auf den Feldern verschimmelte und ihre Kühe vor Schmerz schrien, weil sie gemolken werden wollten, kümmerte den Ritter gar nicht. Wenn ein Bauer nicht tat, was sein Grundherr von ihm wollte, ließ der ihn einfach auspeitschen, schließlich gehörte der Bauer ja ihm.

Ja, so war das damals, wenn man ein leibeigener Bauer war, und du kannst dir vorstellen, dass die Jungs und die Mädchen, wenn sie ihren Eltern auf den Feldern halfen oder Krähen aus den Obstbäumen verscheuchten oder was die Kinder damals sonst noch so alles erledigen mussten, darüber nachdachten, was sie tun konnten, um später selbst einmal nicht so ein erbärmliches Leben zu führen.

„Das werdet ihr niemals erleben, wenn ich erwachsen bin!“, sagte Trenk, als er eines Nachmittags, nachdem sein Vater gerade wieder einmal bedeckt mit blauen Striemen vom Ochsenziemer nach Hause gekommen war, zusammen mit seiner kleinen Schwester Mia-Mina die Ziege und das Ferkel durch das Dorf führte, damit sie am Wegrand fressen sollten, was da eben so wuchs. „Dass ich Bauer werde und mich vom Herrn Ritter verprügeln lasse, das werdet ihr niemals erleben!“

„Was willst du denn sonst wohl machen?“, fragte Mia-Mina und zerrte an ihrem Ziegenstrick. „Leibeigen geboren, leibeigen gestorben, leibeigen ein Leben lang.“ Und das war ja die heilige Wahrheit.

Aber Trenk fand nicht, dass er sich damit abfinden musste. „Dann werde ich eben einfach selbst ein Ritter!“, sagte er entschlossen.

Da lachte und lachte seine kleine Schwester so sehr, dass ihr der Ziegenstrick durch die Hand rutschte und sie die Ziege zu zweit fast eine Viertelstunde durch das Dorf jagen mussten. Darum redete Trenk an diesem Nachmittag lieber nicht mehr davon.

Trotzdem ist es später haargenauso gekommen, und wieso, das will ich jetzt erzählen. …

Aus: Kirsten Boie, Der kleine Ritter Trenk, „1. Kapitel, in dem erzählt wird, wer Trenk ist“. Hamburg: Verlag Friedrich Oetinger, 2006, S. 9–11.

Lies den Text aufmerksam und löse die folgenden Aufgaben.

9.1 Wer wohnt mit Trenk in einem Haus?
Kreuze die richtige Antwort an.

- ☐ seine zwei Geschwister und seine Eltern
- ☐ zwei Tiere und seine Schwester Martha
- ☐ Vater, Mutter und Schwester sowie ein Schaf und ein Ferkel
- ☐ seine Familie und zwei Tiere

9.2 Wem gehören das Feld und die Tiere, um die sich Trenk und seine Familie kümmern?

____

____

9.3 Was meint Mia-Mina mit dem Spruch „Leibeigen geboren, leibeigen gestorben, leibeigen ein Leben lang"?
Kreuze die richtige Antwort an.

- ☐ Wenn man als Bauernkind geboren ist, muss man sich seinem Schicksal fügen und kann nichts daran ändern.
- ☐ Der kleine Trenk heißt mit Nachnamen Leibeigen.
- ☐ Trenk und seine Familie sind eigens dafür geboren worden, Bauern zu werden.
- ☐ Als Leibeigener gehört man sich selbst.

9.4 Wie lebten leibeigene Bauern damals?
Kreuze alle richtigen Antworten an.

- ☐ Sie lebten in ärmlichen Bauernhäusern.
- ☐ Sie arbeiteten auf den Feldern und verkauften dem Ritter ihre Ernte.
- ☐ Wenn der Ritter ihnen eine Arbeit auftrug, mussten sie diese sofort erledigen.
- ☐ Alles auf dem Bauernhof gehörte dem Ritter, außer sie selbst, ihre Frauen und ihre Kinder.

9.5 Was steht im Text? Kreuze an.

	richtig	falsch
Trenks Vater hat einen Traktor für die Feldarbeit.	☐	☐
Die Kinder müssen bei der Arbeit auf dem Bauernhof helfen.	☐	☐
Mia-Mina ist die kleine Ziege im Wald davongelaufen.	☐	☐
Trenks Vater muss einen Brunnen für den Ritter bauen.	☐	☐

9.6 Wie kommt Trenk auf die Idee, selbst ein Ritter zu werden?

____

____

____

9.7 Finde alle Adjektive (Wiewörter) aus dem Text, die Trenk beschreiben, und schreibe die Zeilen dazu, in denen du sie gefunden hast.

____

____

____

9.8 Wieso erledigen die Bauern die Arbeiten, die ihnen der Ritter befohlen hat, zuerst, auch wenn ihre eigene Arbeit am Hof liegen bleibt? Kreuze die richtige Antwort an.

- ☐ Bauern und Ritter helfen sich immer gegenseitig, da müssen die eigenen Arbeiten schon mal warten.
- ☐ Die Bauern haben Angst, dass sie sonst ausgepeitscht werden.
- ☐ Die Felder der Ritter sind sehr viel wertvoller und müssen daher zuerst bearbeitet werden.
- ☐ Da sowieso alles den Rittern gehört, ist es egal, welche Arbeiten zuerst erledigt werden.

9.9 Die Geschichte von Trenk beginnt hier erst. Glaubst du, dass Trenk sein Vorhaben umsetzen kann und tatsächlich ein Ritter wird? Begründe mithilfe des Textes.

____

____

____

____

9.10 Was ist eine Kate?
Kreuze die richtige Antwort an.

- ☐ ein Gerät, mit dem man früher die Felder gepflügt hat
- ☐ ein Stall für die Tiere
- ☐ ein Kamin mit offenem Feuer
- ☐ eine Bauernhütte

Text 10

Ernte und Essen im Mittelalter

Ungefähr 80 Prozent der Bevölkerung lebte im Mittelalter als Bauern auf dem Land. Sogar Menschen, die in der Stadt wohnten, bauten Gemüse an und hielten Hühner, ein Schwein und oft auch eine Kuh. Alles, was die Menschen aßen, erzeugten sie selbst, und nur eine gute Ernte brachte sie über den Winter, sonst mussten sie hungern. Nahrungsmittel aus anderen Regionen herbeizuschaffen, war schwierig, und Hungersnöte brachen im Durchschnitt alle zehn Jahre aus.

In fast ganz Europa gehörte das Dorf einem Adligen, der einen Verwalter einsetzte. Die Bauern mussten auf den Feldern des Grundherrn arbeiten und erhielten dafür ein Stück Land, das sie selbst bewirtschaften durften. Einen Teil ihrer Erzeugnisse mussten sie ihrem Herrn abliefern.

Ackerbau

Als Getreide wurden Weizen und Roggen, im Norden auch Hafer und Gerste angebaut. Auch Bohnen und Erbsen wurden geerntet. Für die Tiere wurde Heu gemacht. Anderes Gemüse und Obst wurde kaum angebaut. Neues Ackerland wurde durch das Entwässern von Sümpfen und das Abholzen von Wäldern gewonnen.

Technik

Die Menschen des Mittelalters benutzten Maschinen und entwickelten neue Techniken, um die Kräfte der Natur zu bändigen. In den meisten Dörfern gab es eine Getreidemühle und auch Wassermühlen und Windmühlen kannte man schon. Pflüge, mit denen man die Felder bearbeitete, wurden von Ochsen oder Pferden gezogen. Ein großer Fortschritt war die Erfindung des Streichblechs, das die Erde nicht nur aufbrach, sondern auch umwendete und damit das Pflügen erleichterte.

Ernährung

Das Hauptnahrungsmittel war Brot. Roggenbrot war in der Regel dunkel, grob und körnig. Aus Weizen hergestelltes Weißbrot war selten und oft ein Zeichen für einen hohen gesellschaftlichen Rang. Die Leute aßen nur wenig Gemüse und kaum Obst; grünes Gemüse hielten sie für gefährlich. Im Süden gehörten Wein und Oliven zu den Grundnahrungsmitteln, im Norden Bier und Butter.

Da nur wenige Feldfrüchte angebaut wurden, war die Ernährung besonders der armen Menschen sehr einseitig. Neben Brot verzehrten sie vor allem eine mit Knochen und Kräutern gewürzte Suppe. Außerdem aßen sie Nüsse und andere Waldfrüchte, kochten Brennnesselsuppe und backten notfalls auch Brot aus Eicheln.

Tiere

Für die meisten Menschen war Fleisch Luxus. Ein mageres, borstiges Schwein musste oft für eine Familie den ganzen Winter über reichen. Aber Schweine waren leicht zu halten, weil sie sich ihre Nahrung im Wald selbst suchten. Am häufigsten waren Schafe, die sowohl Wolle als auch Fleisch lieferten. Auch Rinder und Hühner wurden gehalten, und die Bauern durften hin und wieder ein Kaninchen erlegen. Bei den Reichen gab es dagegen viel Fleisch, denn Grundbesitzer durften, anders als arme Menschen, auf die Jagd gehen.

Festlichkeiten waren immer ein Anlass für gutes und reichliches Essen. An kirchlichen Feiertagen lud der Grundherr seine Ritter und Gutsherrn mit ihren Damen in seine Burg ein. Während Speisen und Getränke serviert wurden, unterhielten Sänger, Gaukler und Akrobaten die Gäste. Die üppigsten Festmähler mit bis zu 300 Gängen wurden am Königshof abgehalten. Es gab so raffinierte Speisen wie im Federkleid servierter Pfau und Lerchenzungen.

Aus: Neil Grant, Alltagsleben damals: Das Mittelalter, „Ernte und Essen". Nürnberg: Tessloff Verlag, 2006, S. 14/15, leicht gekürzt und verändert.

Lies den Text aufmerksam und löse die folgenden Aufgaben.

10.1 Was steht im Text? Kreuze an.

	richtig	falsch
Nahrungsmittel wurden oft aus anderen Regionen herbeigeschafft.	☐	☐
Die Menschen erzeugten ihre Nahrungsmittel selbst.	☐	☐
Bei einer schlechten Ernte mussten die Menschen hungern.	☐	☐
Durchschnittlich alle zehn Jahre brach eine Hungersnot aus.	☐	☐

10.2 Was haben die Bauern auf ihren Feldern geerntet? Kreuze alle richtigen Antworten an.

- ☐ Weizen und Roggen
- ☐ Hafer und Gerste
- ☐ Bohnen und Erbsen
- ☐ Mais und Reis

10.3 Welche Techniken haben die Menschen im Mittelalter genutzt, um mit der Natur fertig zu werden?

____

____

10.4 Was aßen die Menschen im Mittelalter? Kreuze die richtige Antwort an.

- ☐ Das Hauptnahrungsmittel war aus Weizen hergestelltes Weißbrot.
- ☐ Da Fleisch sehr teuer war, aßen die Menschen vor allem viel Obst und Gemüse, das sie selbst anbauten.
- ☐ Reiche Menschen aßen gern mit herzhaften Kräutern zubereitete Suppen.
- ☐ Arme Menschen backten ihr Brot auch schon mal aus Eicheln, wenn sie kein Getreide hatten.

10.5 Fleisch war im Mittelalter sehr kostbar. Wieso sind die armen Menschen nicht einfach auf die Jagd gegangen?

____

____

____

10.6 Auf großen Festen wurde immer gut und reichlich gegessen und …

- ☐ der Grundherr lud alle Menschen des Dorfes in seine Burg ein.
- ☐ bis zu 300 Sänger, Gaukler und Akrobaten unterhielten die Gäste.
- ☐ es gab so raffinierte Speisen wie Brennnesselsuppe.
- ☐ sie fanden meistens an kirchlichen Feiertagen statt.

10.7 Welche Tiere wurden von den Menschen im Mittelalter gehalten? Schreibe alle auf, die im Text stehen.

____

____

10.8 Wieso wurden Schafe besonders oft gehalten?

- ☐ Weil sie neben ihrem Fleisch auch wertvolle Wolle lieferten.
- ☐ Weil sie sich ihre Nahrung im Wald selbst suchten.
- ☐ Weil auch Menschen in der Stadt sie problemlos halten konnten.
- ☐ Weil auf den Höfen genug Platz für Schafe war.

10.9 Welche der Unterüberschriften aus dem Text ließe sich durch „Nahrungsmittel“ ersetzen? Kreise ein.

Tiere   *Ernährung*   *Feierlichkeiten*   *Technik*   *Ackerbau*

10.10 Die Ernährung der Menschen damals und heute unterscheidet sich in vielen Punkten. Oder nicht?
Kreuze alle richtigen Antworten an.

- ☐ Damals aßen arme Menschen Nüsse und Waldfrüchte, weil sie sie im Wald umsonst sammelten. Heute muss man sie teuer im Supermarkt kaufen, wenn man sie essen möchte.
- ☐ Damals hielten die Menschen grünes Gemüse für gefährlich. Heute wissen wir, dass Gemüse sehr gesund ist.
- ☐ Damals erzeugten die Menschen ihre Nahrungsmittel selbst. Das ist auch heute noch so.
- ☐ Damals gehörte die Butter im Norden zu den Grundnahrungsmitteln. Heute ist das überall der Fall.

Zweiter Kompetenzbereich: Sprache und Sprachgebrauch untersuchen

1 Vorbereitungs- und Lerntipps

Aufgaben zur Wortartbestimmung

- Wenn du die richtigen Antworten ankreuzen musst, ist immer mindestens eine Lösung richtig. Es können aber auch mehrere richtige Antworten dabei sein. Dann musst du alle richtigen Antworten ankreuzen.
- Bei einigen Aufgaben musst du aus verschiedenen Wörtern diejenigen ankreuzen, die zu einer bestimmten Wortart gehören.
- Verben (Tunwörter) erkennst du daran, dass sie dir sagen, was jemand oder etwas tut. Verben schreibst du immer klein, außer sie stehen am Satzanfang.
  Beispiele: gehen, singen, lesen
- Nomen (Namenwörter) erkennst du daran, dass sie dir sagen, wer oder was etwas tut. Du schreibst sie immer groß und du kannst einen Artikel (Begleiter) davorsetzen.
  Beispiele: die Schule, der Hund, das Haus
- Abstrakte Nomen bezeichnen etwas, das du nicht anfassen kannst, zum Beispiel Gedachtes oder Gefühltes. Auch abstrakte Nomen werden immer großgeschrieben und haben einen Artikel.
  Beispiele: die Liebe, die Angst, der Glaube, das Gefühl
- Adjektive (Wiewörter) erkennst du daran, dass sie dir sagen, wie jemand oder etwas ist. Du schreibst sie immer klein, außer sie stehen am Satzanfang.
  Beispiele: nett, klein, süß

Aufgaben zu Verben (Tunwörtern)

- Wenn du in der Aufgabe Verben (Tunwörter) in einer bestimmten Personalform angeben musst, dann achte genau darauf, welche Personalform verlangt ist. Es gibt immer je drei Personalformen im Singular (Einzahl) und Plural (Mehrzahl).
  Beispiel:

Singular	Plural
1. Person: **ich** geh**e**	1. Person: **wir** geh**en**
2. Person: **du** geh**st**	2. Person: **ihr** geh**t**
3. Person: **er/sie/es** geh**t**	3. Person: **sie** geh**en**

- Wenn du in der Aufgabe Verben (Tunwörter) in verschiedenen Zeitstufen angeben musst, dann achte darauf, welche Zeitform du benutzen sollst. Es gibt zum Beispiel das Präsens (Gegenwart), das Präteritum (1. Vergangenheit) und das Futur (Zukunft).
  Beispiel:

Präsens	Präteritum	Futur
ich kauf**e**	ich kauf**te**	ich **werde** kauf**en**

Aufgaben zu Nomen (Namenwörtern)

- Wenn du die passenden Artikel (Begleiter) aufschreiben sollst, dann denke daran, dass es im Singular (Einzahl) die Artikel „der", „die" und „das" gibt, im Plural (Mehrzahl) aber nur den Artikel „die".
  Beispiele:

Singular	Plural
der Hund	**die** Hunde
die Blume	**die** Blumen
das Haus	**die** Häuser

- Bei der Bildung zusammengesetzter Nomen (Namenwörter) musst du darauf achten, dass sich der Artikel (Begleiter) immer nach dem zweiten Nomen richtet.
  Beispiel:
  der Sand + **die** Uhr = **die** Sanduhr
- Achte bei der Bildung von zusammengesetzten Nomen (Namenwörtern) darauf, dass du manchmal einen Buchstaben zwischen den beiden Wörtern einfügen oder auch streichen musst.
  Beispiele:
  die Liebe + das Paar = das Liebe**s**paar
  die Schule + der Weg = der Schulweg

Aufgaben zu Pronomen (Fürwörtern)

Manchmal musst du Nomen (Namenwörter) durch Pronomen (Fürwörter) ersetzen.
Beispiel:
Benjamin isst Brot. **Er** isst **es**.

Aufgaben zu Adjektiven (Wiewörtern)

- Steigerung von Adjektiven (Wiewörtern): Bei diesen Aufgaben musst du Adjektive in den verschiedenen Steigerungsstufen angeben.
  Es gibt drei Stufen: Grundform, 1. Steigerungsstufe (Komparativ) und 2. Steigerungsstufe (Superlativ).

Beispiel:
Grundform: Georg ist **groß**.
1. Steigerungsstufe: Georg ist **größer als** Thomas.
2. Steigerungsstufe: Georg ist **am größten**.

- Endungen von Adjektiven (Wiewörtern): Bei diesen Aufgaben müssen den Wortanfängen die möglichen Endungen (-lich, -ig, -bar, -los, -isch, -haft, -sam oder -voll) angehängt werden. Manche Adjektive können auch mit unterschiedlichen Endungen gebildet werden. Sie können dann aber eine andere Bedeutung haben, z. B. lieblich und lieblos.

Gegenteil aufschreiben

Wenn es dir schwerfällt, das Gegenteil zu finden, dann stelle dir zu jedem Wort einen kleinen Satz vor. Achte darauf, dass du immer die richtige Wortart benutzt, also z. B. Adjektiv (Wiewort) zu Adjektiv.
Beispiel:
Ein Riese ist groß. ⇔ Ein Zwerg ist klein.

Aufgaben zu Redewendungen

- Bei diesen Aufgaben musst du ankreuzen, wie eine Redewendung richtig heißt, welche Bedeutung ein Sprichwort hat oder wie der Satz richtig vervollständigt wird. Hier ist immer nur eine Antwort richtig.
- Manchmal musst du die Bedeutung einer Redewendung auch mit deinen eigenen Worten erklären.

Aufgaben zum Wortfeld

Hier musst du Wörter finden, die zum selben Wortfeld gehören. Als Wortfeld bezeichnet man Wörter, die eine ähnliche Bedeutung haben.
Beispiel:
Wortfeld „laufen": rennen, rasen, traben, joggen

Aufgaben zum Oberbegriff

Bei diesen Aufgaben musst du entweder den Oberbegriff zu verschiedenen Dingen finden oder zu einem Oberbegriff verschiedene Unterbegriffe angeben.
Beispiel:
Oberbegriff: Kleidung
Unterbegriffe: Pullover, T-Shirt, Hose, Jacke

Aufgaben zu Wortfamilien

Wörter, die zur selben Wortfamilie gehören, haben einen ähnlichen oder gleichen Wortstamm, da sie miteinander verwandt sind.
Beispiel:
Liebe – **lieb**en – **lieb**lich

Aufgaben zur Silbentrennung

Silben sind Wortteile. Ein Wort kann aus einer oder mehreren Silben bestehen. Du kannst ein Wort in seine Silben trennen. Wörter mit nur einer Silbe können nicht getrennt werden.

Aufgaben zur Bestimmung von Satzgliedern

- Ein Satz besteht oft aus drei Satzgliedern, nämlich aus Subjekt (Satzgegenstand), Prädikat (Satzaussage) und Objekt (Satzergänzung). Das Subjekt sagt dir, wer oder was im Satz handelt. Das Prädikat sagt dir, was das Subjekt tut. Das Objekt macht genauere Angaben darüber, was das Subjekt tut.
  Nach jedem Satzglied kannst du fragen.
  Beispiel:
  Anna liest ein Buch.

Frage nach dem Subjekt:	Wer liest ein Buch?	Anna
Frage nach dem Prädikat:	Was tut Anna?	lesen
Frage nach dem Objekt:	Was liest Anna?	ein Buch

- Satzglieder erkennst du daran, dass du sie im Satz umstellen kannst und sie immer zusammenbleiben.
  Beispiel:
  Anna liest ein Buch.
  Liest Anna ein Buch?
  Ein Buch liest Anna.

2 Übungsaufgaben

1. Lies das Gedicht aufmerksam.

Das Samenkorn

Ein Samenkorn lag auf dem Rücken,
die Amsel wollte es zerpicken.

Aus Mitleid hat sie es verschont
und wurde dafür reich belohnt.

Das Korn, das auf der Erde lag,
das wuchs und wuchs von Tag zu Tag.

Jetzt ist es schon ein hoher Baum
...

Joachim Ringelnatz: Das Samenkorn.
Illustr. von Sebastien Braun.
Zürich: NordSüd 2013

a) Das Gedicht oben ist noch nicht zu Ende.
Wie könnte es weitergehen?

- ☐ mit Ästen, Blättern, Blüten, ...
- ☐ und träumt von der Amsel, ...
- ☐ und trägt ein Nest aus weichem Flaum, ...
- ☐ der Amsel will er danken, ...

b) Unterstreiche alle Nomen (Namenwörter) im Gedicht.

c) Hier findest du zwei weitere Zeilen des Gedichts, aber die Wortgrenzen sind nicht eingetragen. Trenne die einzelnen Wörter durch Striche ab.

DIEAMSELHATDASNESTERBAUT,
DORTSITZTSIENUNUNDZWITSCHERTLAUT.

d) Im Gedicht steht das Wort „wuchs“.
Schreibe auf die Linie, wie die Grundform dieses Verbs (Tunworts) heißt, und kreise die Wörter ein, die zum gleichen Wortfeld gehören.

____

sprießen zunehmen warten keimen Blume

2. Bilde zu jedem Nomen (Namenwort) den Plural (Mehrzahl) mit Artikel (Begleiter).
Schreibe auch im Singular (Einzahl) jeweils den Artikel dazu.

Singular	Plural
Korn	
Rücken	
Amsel	
Baum	
Tag	

3. Fülle die Tabelle fertig aus.

Beispiel: groß - größer - am größten

Grundform	Komparativ (1. Steigerung)	Superlativ (2. Steigerung)
hoch		
	reicher	
		am lautesten

4. Oma ist schon sehr alt und krank, möchte aber nicht in ein Altersheim ziehen. Mama sagt zu Peter: „Einen alten Baum verpflanzt man nicht." Peter antwortet: „Aber es gibt dort doch einen schönen, großen Garten."

Was hat die Mutter mit der Redewendung eigentlich gemeint?

- ☐ Der Baum wird in dem neuen Garten nicht anwachsen.
- ☐ Im Altersheim sind keine Bäume erlaubt.
- ☐ Alte Menschen sollten nicht umziehen müssen.
- ☐ Oma ist schon zu alt für Gartenarbeit.

5. Schreibe das Gegenteil auf.

reich – ____________________

hoch – ____________________

laut – ____________________

weich – ____________________

6. Im Text findest du zusammengesetzte Nomen (Namenwörter). Unterstreiche sie.

Mein Schulweg

Auf meinem Schulweg herrscht viel Verkehr und es gibt gefährliche Stellen und Straßenkreuzungen. Deshalb muss ich immer aufmerksam sein, wenn ich mich morgens und mittags auf den Weg mache.
Damit ich keine Eile habe, gehe ich rechtzeitig los. Ich muss an einem Fußgängerüberweg und zwei Ampeln die Straße überqueren. Die Autos und Lastwagen sind sehr laut. Manchmal hupen sie auch.
Doch es gibt auch schöne Stellen auf meinem Schulweg. Bei der Hälfte des Weges komme ich an einer Parkanlage vorbei. Dort hört man die Vögel zwitschern und manchmal sieht man niedliche Hasen über die Blumenwiese hoppeln.

7. Schreibe zu den Nomen (Namenwörtern) jeweils den passenden Oberbegriff auf.

a) Erle, Eiche, Lärche, Buche

Oberbegriff: ____________________

b) Taube, Amsel, Drossel, Star

Oberbegriff: ____________________

c) Arme, Beine, Rücken, Kopf

Oberbegriff: ____________________

8. Schreibe zu jedem Wort ein passendes Nomen (Namenwort) mit dem richtigen Artikel (Begleiter).

Beispiel: lieblich – die Liebe

wachsen – ____________________

finster – ____________________

reich – ____________________

belohnen – ____________________

9. Unterstreiche die Adjektive (Wiewörter).

gefährlich aufmerksam überqueren schön zwitschern niedlich

10. Bei den folgenden Wörtern fehlen die Endungen „-el", „-er" oder „-en". Schreibe jedes Wort ab und ergänze die richtige Endung.

Achtung:
Bei einem Wort sind zwei Endungen möglich. Schreibe beide auf.

Kreuzung-, Vög-, Blum-, hup-, Lastwag-, mein-, Fußgäng-

____

____

____

11. Bilde zu jedem Nomen (Namenwort) den Plural (Mehrzahl) mit Artikel (Begleiter).
Schreibe auch im Singular (Einzahl) jeweils den Artikel dazu.

Singular	**Plural**
Auto	
Hälfte	
Park	
Wiese	
Fußgänger	

12. Vervollständige die Wortfamilien.

Nomen (Namenwort)	**Verb (Tunwort)**	**Adjektiv (Wiewort)**
die Schönheit	*verschönern*	
		eilig
	aufmerken	

13. Setze die richtigen Artikel (Begleiter) ein.
Du kannst jeden Artikel mehrmals verwenden.
Achte auch auf die richtige Groß- und Kleinschreibung.

der das die dem

Heute gehen ________ Freundinnen Jana und Amelie zusammen in ________ Schule. In ________ Pause packen sie ________ Frühstück aus und spielen später auf ________ Klettergerüst.

________ Unterricht macht auch großen Spaß, wenn man alles zusammen macht.

14. Schreibe die Verben (Tunwörter) in den verschiedenen Personalformen auf.

Beispiel:
ich *laufe*, du *läufst*, er/sie/es *läuft*, wir *laufen*, ihr *lauft*, sie *laufen*

	geben	**machen**	**hupen**	**haben**
ich				
du				
er, sie, es				
wir				
ihr				
sie				

15. Stelle die Satzglieder um und schreibe die neuen Sätze auf. Achte dabei auch auf die richtigen Satzzeichen.

Beispiel: Oma fährt Fahrrad.

Fährt Oma Fahrrad?

Fahrrad fährt Oma.

Die Autos sind sehr laut.

---

16. Welche Adjektiv-Endungen (Wiewort-Endungen) sind hier nicht möglich? Streiche die falschen Wörter durch.

heilsam heilich heilhaft heillos heilig heilvoll

17. Finde zu den Oberbegriffen jeweils drei passende Unterbegriffe.

a) Fahrzeuge

b) Insekten

c) Tageszeiten

18. Lies dir das Gedicht aufmerksam durch.

Frühling

Die Knospen knospen und sind schon wach,
die Keime keimen noch schüchtern und schwach,
die Weiden weiden das Gras ab im Bach.

Die Bäume baumeln (das ist ihre Pflicht),
die Sträucher straucheln im Dämmerlicht,
die Stämme stammeln ein Frühlingsgedicht.
...

Hans Manz, aus: Die Welt der Wörter.
Sprachbuch für Kinder und Neugierige.
Beltz und Gelberg (gekürzt)

a) Das Gedicht oben ist noch nicht zu Ende.
Wie könnte es weitergehen?

☐ Die blauen Blumen sprießen empor, ...

☐ Die Hecke heckt neue Streiche aus, ...

☐ Rosen, Tulpen, Nelken welken, ...

☐ Die Blumen bekommen ein neues Gesicht, ...

b) Der Autor verwendet in jeder Zeile Nomen (Namenwörter) und Verben (Tunwörter) aus der jeweils gleichen Wortfamilie. Unterstreiche diese Wörter.

c) Hier findest du zwei weitere Zeilen des Gedichts, aber die Wortgrenzen sind nicht eingetragen.
Trenne die einzelnen Wörter durch Striche ab.

Tipp: Eines der Wörter gibt es in Wirklichkeit nicht.

DERRASENRASTWIERASENDUMSHAUS,
DERKROKUSKROKÜSSTDIEHASELMAUS.

d) Im Gedicht steht das Wort „stammeln“.
Unterstreiche die Wörter, die zum gleichen Wortfeld gehören.

stottern baumeln stillen sprechen reden

e) Schreibe ein Wort aus dem Gedicht auf, das zum gleichen Wortfeld wie „stolpern“ gehört.

____

19. Welches Wort kann sowohl ein Nomen (Namenwort) als auch ein Verb (Tunwort) sein?

- ☐ BACH
- ☐ FLIEGEN
- ☐ GRAS
- ☐ MÜCKEN

20. Im Rezept findest du zusammengesetzte Nomen (Namenwörter). Unterstreiche sie.

Rezept für eine Quarkspeise

Zutaten:	*500 g Magerquark*
	200 ml Milch
	1 Päckchen Vanillezucker
	1 Esslöffel Zucker
	1 Teelöffel Zitronensaft
nach Wunsch:	*200 g Früchte, gewaschen und klein geschnitten*

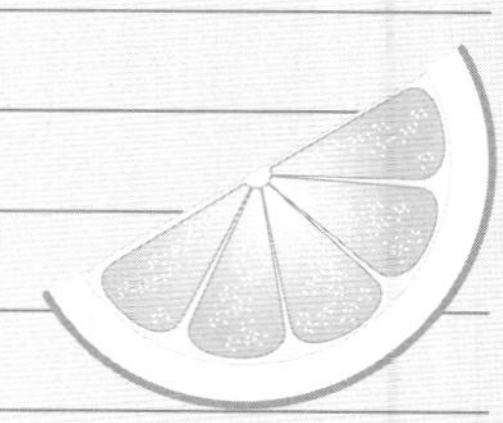

21. Setze einige der folgenden Pronomen (Fürwörter) in den Lückentext ein: sie, er, es, ihre, ihn, wir, euer

Achte auf die Groß- und Kleinschreibung.

Paula möchte heute eine Quarkspeise zubereiten.

(Paula) __________ muss aber zunächst noch einkaufen gehen.

Im Laden packt Paula (die Einkäufe) __________ in den Einkaufswagen.

Paula hat (den Zucker) __________ im Regal vergessen.

(Der Vater) __________ erinnert Paula an den Zucker.

22. Nun folgt die Zubereitung der Quarkspeise aus Aufgabe 19. Schreibe die Verben (Tunwörter) in der richtigen Form in die Lücken.

Beispiel:
Du *brauchst* (brauchen) eine Schüssel und einen Handmixer.

Zuerst ________________ (geben) du den Quark in die Schüssel.

Dann ________________ (messen) du 200 *ml* Milch mit einem

Messbecher ab und ________________ (schütten) sie dazu.

Nun ________________ (kippen) du die restlichen Zutaten dazu,

________________ (stellen) den Handmixer an und

________________ (rühren) alles 5 Minuten gut durch.

Am Ende ________________ (können) du die gewaschenen und

geschnittenen Früchte dazugeben.

23. Lies den Text aufmerksam.

Pferde

Pferde sind Herdentiere. In manchen Ländern leben sie in freier Wildbahn, bei uns meist auf einem Bauernhof oder in einem Reitstall. Wenn sie nicht auf einer Pferdeweide grasen oder geritten werden, sind sie im Stall. Dort müssen sich dann die Besitzer um das Futter und die Pflege des Tieres kümmern.
Es gibt viele unterschiedliche Pferderassen, die in drei große Gruppen unterteilt werden:
Die Vollblüter sind schlank und schnell und haben einen leichten Knochenbau.
Die Warmblüter sind mittelgroß und sehr leistungsfähig.
Die Kaltblüter hingegen sind sehr groß, schwer und kräftig.
Aufgrund ihrer Gemächlichkeit sind sie die optimalen Arbeitspferde.

Im Text steht, dass Kaltblüter kräftige Tiere sind.
Das Wort „kräftig“ wird mit „ä“ geschrieben, weil …

- ☐ es mit dem Wort „stark“ verwandt ist.
- ☐ es mit dem Wort „stärker“ verwandt ist.
- ☐ es mit dem Wort „Kraft“ verwandt ist.
- ☐ es mit dem Wort „Käfig“ verwandt ist.

24. Setze die Verben (Tunwörter) im Präteritum (1. Vergangenheit) in den Lückentext ein.

Johanna ____________ (fahren) fast jeden Tag in den Stall, um ihr Pferd zu pflegen.

Einen Tag ohne Pferde ____________ (können) sie sich nicht vorstellen.

Wenn sie ihr Pferd ____________ (putzen), dann ____________ (fühlen) sie sich ihm ganz nah.

25. Unterstreiche die Adjektive (Wiewörter).

leben schlank schnell grasen leistungsfähig mittelgroß

26. Ordne den Unterbegriffen jeweils den richtigen Oberbegriff zu.

Wähle aus folgenden Wörtern:
Pferdetypen, Arbeitspferde, Putzzeug, Pferdefutter

____________	____________
Vollblüter Kaltblüter Warmblüter	Striegel Wurzelbürste Hufkratzer

27. Bilde zu jedem Nomen (Namenwort) den Plural (Mehrzahl) mit Artikel (Begleiter).

Beispiel: der Fuß – die Füße

Singular	Plural
das Land	
der Stall	
das Arbeitspferd	
die Größe	
das Gewicht	

28. Schreibe das Gegenteil auf.

schnell – __________

groß – __________

frei – __________

leicht – __________

29. Schreibe die folgenden Wörter im Komparativ (1. Steigerung) und im Superlativ (2. Steigerung) auf.

Beispiel: groß - größer - am größten

Grundform	Komparativ	Superlativ
leicht		
viel		
kräftig		

30. Die Mutter sagt zu Charlie: „Mit deinem Freund Benni kannst du ja Pferde stehlen!" Charlie antwortet entrüstet: „Aber du sagst doch immer, dass man nicht stehlen darf!"

Was hat die Mutter mit der Redewendung „Pferde stehlen" gemeint?

31. Bilde aus den folgenden Wortanfängen Adjektive (Wiewörter) mit der Endung „-lich", „-ig", „-bar", „-los" oder „-isch".

Achtung: Manche Adjektive gibt es auch mit unterschiedlichen Endungen. Diese musst du mehrmals aufschreiben.

Beispiel: lieb- – lieblich, lieblos

freund- – ______________________

regner- – ______________________

freud- – ______________________

durst- – ______________________

wunder- – ______________________

32. Setze die Adjektive (Wiewörter) in der richtigen Form ein.

Meine ____________ Schwester trägt meistens Zöpfe. (klein)

Ich nehme immer den ____________ Schulweg. (sicher)

In der Garage stehen lauter ____________ Sachen. (alt)

Ich bin die ____________ Läuferin in der Klasse. (schnell)

Lina zieht nur ____________ Strümpfe an. (weiß)

33. Setze diese Adjektive (Wiewörter) in die Grundform.

Beispiel: spöttische spöttisch

süßester ____________

harmloseste ____________

billiger ____________

am hübschesten ____________

34. Schreibe die folgenden Verben (Tunwörter) im Präsens (Gegenwart), im Präteritum (1. Vergangenheit) und im Futur (Zukunft) auf. Verwende immer die Ich-Form.

Präsens	Präteritum	Futur
ich bleibe		
	ich sang	
		ich werde sprechen
ich trinke		

35. Welche Wörter gehören nicht zur Wortfamilie „Tisch"? Streiche sie durch.

Tischdecke Tischtennis Stuhl Frühstück
Tischplatte Tischler Nachtisch
Sitzordnung Vorspeise Holztisch
Essen auftischen Gartentisch

36. Bilde aus den folgenden Wörtern zusammengesetzte Nomen (Namenwörter) und schreibe sie mit ihrem Artikel (Begleiter) auf.

Beispiel:
die Natur, der Park = der Naturpark

der Bauch, der Schmerz = ______________________

das Bett, die Decke = ______________________

der Regen, die Jacke = ______________________

die Suppe, der Löffel = ______________________

das Wasser, die Schlange = ______________________

37. In jeder Zeile gehört ein Wort zu einer anderen Wortart.
Streiche es durch.

Maus Schwanz Erde laufen Spuren

schnell klein leicht finden

der die das ein und eine

38. Die Verben (Tunwörter) stehen im Präteritum (1. Vergangenheit) oder in einer Personalform im Kasten.
Schreibe sie wie im Beispiel im Infinitiv (Grundform) auf die Linien.

~~meint~~	kam	gab	wuchsen	wurden	will	hältst	fährt

meint - meinen

______

______

______

39. Zu welchem Wortfeld gehören die folgenden Verben (Tunwörter)?

a) säubern, scheuern, schrubben, spülen, wischen

Wortfeld: ______

b) zeichnen, abbilden, pinseln, skizzieren, lackieren

Wortfeld: ______

40. Finde zu den Oberbegriffen jeweils drei passende Unterbegriffe.

a) Feiertage

______ ______

______

b) Hunderassen

______ ______

______

c) Werktage

______________________ ______________________

____

41. Schreibe fünf Verben (Tunwörter) auf, die zum Wortfeld „gehen“ gehören.

____

____

42. Um welche Wortarten handelt es sich bei den folgenden Wörtern? Kreuze an.

	Nomen (Namenwort)	**Verb (Tunwort)**	**Adjektiv (Wiewort)**
Dunkelheit	☐	☐	☐
mögen	☐	☐	☐
hell	☐	☐	☐
einfach	☐	☐	☐
trauen	☐	☐	☐

43. Bei welchen Wörtern handelt es sich um Verben (Tunwörter)? Kreuze alle richtigen Lösungen an.

☐ schlicht
☐ samstags
☐ auspacken
☐ brauchen
☐ feiern

44. Ein Satz ist in einer anderen Zeitform geschrieben.
Kreuze an.

- ☐ Susi springt über das Seil.
- ☐ Lukas spielt mit einem Ball.
- ☐ Laura kroch durch die Röhre.
- ☐ Marcel läuft die Linie entlang.

45. Schreibe die folgenden Nomen (Namenwörter) mit ihrem Artikel (Begleiter) auf.
Bilde zu jedem Nomen den Plural (Mehrzahl) mit Artikel.

Beispiel: Tisch – der Tisch - die Tische

Zwerg – ____________________

Wolf – ____________________

Männlein – ____________________

Königin – ____________________

Frosch – ____________________

46. Setze in dem Text für die Pronomen (Fürwörter) folgende Artikel (Begleiter) und Nomen (Namenwörter) ein:

die Möbel, den Schatz, dem Geburtstagskind, die Kinder, die Mutter, die Feuerwehr.

Du darfst jedes Nomen nur einmal verwenden.

Sie backt ihm heute Schokotorte.

____

____

Sie löschte das Feuer und rettete sie.

____

____

Sie fanden ihn im Park unter einem Baum.

____

____

47. Kreuze an, welche Bedeutung folgende Redewendungen haben.

a) „Etwas im Schilde führen“ bedeutet,

- ☐ dass jemand ein Familienwappen als Schild besitzt.
- ☐ dass jemand etwas Ungutes plant.
- ☐ dass Schilder eine Straße entlangführen.
- ☐ dass jemand Verkehrsschilder plant.

b) „Eine lange Leitung haben“ bedeutet,

- ☐ dass jemand viele Steckdosen und Leitungen im Haus hat.
- ☐ dass jemand langsam denkt.
- ☐ dass jemand auf einer Stromleitung steht.
- ☐ dass jemand lange braucht, um von A nach B zu kommen.

48. Schreibe folgende Sätze im Futur (Zukunft).

Beispiel:
Ich schrieb eine Geschichte.

Ich werde eine Geschichte schreiben.

Am Wochenende machte ich mit meiner Familie einen Ausflug nach Berlin.

___

___

Wir schauten uns den Reichstag und den Zoo an.

___

___

Spät am Abend fuhren wir wieder nach Hause.

___

___

49. Setze die Verben (Tunwörter) in der angegebenen Zeitform ein.

a) Präsens (Gegenwart)

Im Supermarkt ______________________ (kaufen) Lotte und ihre Mutter Süßigkeiten für das Geburtstagsfest.

b) Präteritum (1. Vergangenheit)

Mareike und ihre Großeltern ______________________ (gehen) am Sonntag gemeinsam auf den Jahrmarkt.

50. Setze die Adjektive (Wiewörter) in der richtigen Form ein.

Der Wolf hat ein __________________ Maul. (groß)

Die __________________ Schnecke verliert das Rennen. (langsam)

Dritter Kompetenzbereich: Rechtschreiben

1 Vorbereitungs- und Lerntipps

Im Kapitel „Hinweise und Tipps“ am Anfang dieses Buches findest du einige wichtige Rechtschreibregeln. Zusätzlich helfen dir die folgenden Tipps beim Lösen der Aufgaben aus dem Kompetenzbereich Rechtschreiben.

Wörter nach dem Alphabet ordnen

- Für diese Aufgaben musst du das Alphabet (Abc) gut können. Wenn du dir unsicher bist, kannst du es dir auf einem Nebenblatt notieren.
- Ordne die Wörter zunächst nach dem Anfangsbuchstaben.
- Wenn mehrere Wörter denselben Anfangsbuchstaben haben, dann ordnest du nach dem zweiten Buchstaben.
- Wenn der zweite Buchstabe auch gleich ist, ordnest du nach dem dritten und immer so weiter.

Lückentext vervollständigen

- Höre dir die Hördatei zu der Aufgabe online an (beachte dazu die farbigen Hinweisseiten am Anfang des Buchs) und lies die Sätze mit.
- Höre aufmerksam hin und ergänze die diktierten Wörter in den Lücken im Satz.

Bilderdiktat

- Sieh dir die Bilder genau an und überlege, was darauf abgebildet ist.
- Wenn du das Wort aufschreibst, achte auf die Groß- und Kleinschreibung und darauf, dass du das Wort richtig schreibst.

Texte in richtiger Groß- und Kleinschreibung schreiben/ Wortgrenzen finden

- Lies dir die Texte genau durch oder höre dir die zugehörige Hördatei online an.
- Denke daran, dass man Nomen (Namenwörter) immer großschreibt. Alle anderen Wörter schreibt man klein, außer sie stehen am Satzanfang.

Aufgaben zu Satzzeichen

Satzzeichen gehören zu einem Satz und ordnen ihn. Häufig kann man einen Satz durch Satzzeichen besser verstehen. Der Punkt beendet einen Satz. Das Komma wird häufig bei Aufzählungen benutzt. Das Ausrufezeichen steht am Satzende, wenn der Satz ein Ausruf oder eine Aufforderung ist. Das Fragezeichen steht am Ende eines Fragesatzes.

Aufgaben zur wörtlichen Rede

Wörtliche Rede in einem Text zeigt, was eine oder mehrere Personen sagen oder denken. Sätze mit wörtlicher Rede bestehen meistens aus einem Begleitsatz und der wörtlichen Rede. Die wörtliche Rede kann auch aus mehreren Sätzen bestehen. Den Begleitsatz erkennt man an bestimmten Signalwörtern wie „sagen", „fragen" oder „erklären".

Fehler finden

Bei diesen Aufgaben musst du eingebaute Fehler in einem Satz oder einem Text finden und das Wort richtig darunterschreiben. Meistens steht am Ende der Zeile in Klammern die Anzahl der Fehler.

Buchstaben einsetzen

Hier müssen fehlende Buchstaben in einem Wort eingesetzt werden, meistens handelt es sich dabei um Endbuchstaben. Um herauszuhören, welcher Buchstabe passt, hilft es oft, das Wort zu verlängern.
Beispiel: Han**d**, wegen: die Hän**d**e

2 Übungsaufgaben

1. Beantworte folgende Fragen.

Wie finde ich heraus, dass …

das Wort „Heimweg“ am Ende mit „g“ geschrieben wird?

das Wort „Männer“ in der Mitte mit einem „ä“ geschrieben wird?

das Wort „zappeln“ mit dem doppelten Konsonanten (Mitlaut) „pp“ geschrieben wird?

2. Finde heraus, ob der erste Vokal (Selbstlaut) der Wörter lang oder kurz gesprochen wird. Schreibe die Wörter dann in die richtige Spalte der Tabelle.

Fenster, Spinne, Tal, Leben, Pudding, Dame, Schnecke, Tante, Schere

kurzer Vokal	**langer Vokal**

3. Zerlege die Wörter in Silben. *Beispiel:* Tulpe – Tul – pe

Zimmer – ______________________

Fenster – ______________________

Haus – ______________________

Kochtopf – ______________________

Schüssel – ______________________

Gabel – ______________________

Klettergerüst – ______________________

Sand – ______________________

Schaukel – ______________________

4. Sieh dir die Bilder gut an und schreibe das richtige Wort zum Bild. Überlege dir anschließend einen Reim.

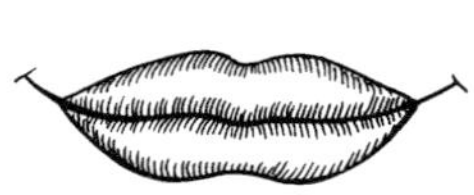

Mund

Hund

W

____

F

____

____

____

____

____

____

____

____

____

____

____

____

____

5. Schreibe die folgenden Wörter in alphabetischer Reihenfolge auf.

a) Klette, laut, klein, Koch, Lampe, Kleid, Koffer

____

____

b) Denkmal, Dampfschiff, Dienstweg, Dienstag, Dach, Dienst

____

____

6. Setze, wenn nötig, das richtige Satzzeichen ein (. , ? !).

Wenn es regnet, nehme ich einen Regenschirm mit □

„Mama, nimm bitte den Regenschirm mit □“

Soll ich lieber einen Regenschirm □ eine Regenjacke oder □ ein Regencape mitnehmen □

Ich mag keinen Regen □

7. Dies ist eine Satzschlange. Schreibe den Text richtig ab.
Beachte die Wortgrenzen und die Groß- und Kleinschreibung.

INMEINERFREIZEITGEHEICHGERNESCHWIMMEN.BEISCHÖN
EMWETTERSOGARZWEIMALINDERWOCHE.IMWINTERBEVOR
ZUGEICHDASHALLENBAD.IMNÄCHSTENJAHRMÖCHTEICHEIN
ENSCHWIMMVEREINBESUCHEN.

____

____

____

____

____

____

____

8. Im folgenden Text sind einige Wörter falsch geschrieben.
Rechts steht in Klammern die Anzahl der Fehler in dieser Zeile.

Streiche die falsch geschriebenen Wörter durch.
Schreibe sie richtig darunter.

Die wettervorhersage meldet für heute Sonenschein und 18 Grad. (2)

____

Nächste Woche bleipt es nicht so Schön. (2)

____

Man rechnet mit leichtem Regen Fall. (1)

____

9. Höre dir das Lückendiktat „Am Strand" (Track 1) online an.
Die Sätze werden dir langsam und vollständig vorgelesen.
Lies im Text mit und setze die fehlenden Wörter ein.

Wir fahren mit dem ______________ ans Meer.

Am Strand sind viele ______________ schon besetzt.

Ein ______________ schützt uns vor zu viel Sonne.

Wir breiten unsere ______________ aus.

Das ______________ ist noch etwas kalt.

Trotzdem gehen wir ______________.

Hinterher kann uns die Sonne wieder ______________.

Wir sollten aber nicht ______________, uns einzucremen.

Sonst bekommen wir einen ______________.

Am Nachmittag ______________ wir noch ein Eis mit Sahne.

Auf dem Weg nach Hause sehen wir Seeschwalben ______________.

Diese ______________ sehen wunderschön am Himmel aus.

Das war ein schöner ______________.

Ich ______________ im Bett und freue mich auf morgen.

10. Ergänze die fehlenden Buchstaben.

a) Das K___nd sieht in den Sp___gel.
i oder ie — i oder ie

Sein Gesicht ist rot vom F___ber.
i oder ie

b) Der Schn___mann hat einen Hut, aber keine H___re.
e oder ee — a oder aa

Seine Nase ist eine M___re.
ö oder öh

c) Der Wärter gibt das Fu___er für die Gira___en in den Ei___er.
t oder tt — f oder ff — m oder mm

11. Setze die Buchstaben F/f, V/v oder W/w richtig ein.
Achte auf die Groß- und Kleinschreibung.

a) Der frühe ___ogel frisst den Wurm.

Mit meinem Surfbrett will ich über die ___ellen reiten.

Ich stelle die Blumen in die ___ase.

b) Der Adler ___liegt durch die Lüfte.

Tina weint: „Ich habe mein Geld ___erloren."

Die Fische schwimmen im ___asser.

c) Die Artistin balanciert ___orsichtig über das Seil.

Stefan ___inkt Marion beim Abschied zu.

Ich bin schon mit den Hausaufgaben ___ertig.

12. Schreibe die Sätze ab und ergänze die Satzzeichen und die wörtliche Rede.

Justus fragt seine Freundin Lina Möchtest du heute bei uns spielen

____

____

Gerne Heute Nachmittag habe ich Zeit antwortet Lina

13. Höre dir den Fehlertext (Track 2) online an, dann kannst du den Sinn des Textes verstehen.
Schreibe den Text richtig ab.
Beachte die Wortgrenzen und die Groß- und Kleinschreibung.

MEINELIEBLINGSFÄCHERINDERSCHULESINDMATHEMATIKU
NDSPORT.DESHALBFREUEICHMICHJEDEWOCHEAUFDENMO
NTAGUNDDENMITTWOCH,DENNANDIESENTAGENHABEICHB
EIDEFÄCHERINEINERDOPPELSTUNDE.

14. Im folgenden Text sind einige Wörter falsch geschrieben.
Rechts steht in Klammern die Anzahl der Fehler in dieser Zeile.

Streiche die falsch geschriebenen Wörter durch.
Schreibe sie richtig darunter.

Ich faare mit meinem Fahrrad auf den grossen Berk. (3)

Oben angekommen, pflüke ich viele blaue Bären. (2)

Daraus wolen wir zu Hause Mamelade machen. (2)

15. Füge an die folgenden Wörter jeweils den letzten Buchstaben an. Gib jeweils eine Verlängerung des Wortes an, um zu zeigen, dass du den richtigen Buchstaben eingesetzt hast. Schreibe die passenden Artikel (Begleiter) voran.

Beispiel:
d oder t   Ra*d*   *das Rad wegen die Räder*

a) d oder t: Han___ ______________________
Hun___ ______________________
Wor___ ______________________

b) g oder k: Bur___ ______________________
Ta___ ______________________
Spu___ ______________________

c) b oder p: Die___ ______________________
Lum___ ______________________
Stau___ ______________________

16. Lies den Text und setze die Satzzeichen (: , . ? ! „“) ein.

Felix und Moritz wollen in die Schule

Felix Beeil dich Ich will nicht schon wieder zu spät kommen ruft Moritz

Felix antwortet Immer mit der Ruhe großer Bruder

Ist es denn schon so spät

Daraufhin erwidert Moritz Und ob Die erste Stunde beginnt in 10 Minuten

Doch da ist Felix schon fertig

Ob sie es diesmal rechtzeitig schaffen

Vierter Kompetenzbereich: Schreiben

1 Vorbereitungs- und Lerntipps

Allgemeine Bearbeitungstipps

- Beachte die Aufgabenstellung ganz genau, damit du weißt, welche Art von Aufsatz du schreiben sollst. Das kann zum Beispiel eine E-Mail, ein Brief, eine kurze Erlebniserzählung oder ein Bericht sein.
- Achte genau auf die geforderte Personal- und Zeitform. Diese Formen musst du unbedingt in deiner Geschichte verwenden.
- Erstelle auf deinem Schmierzettel einen Schreibplan. Notiere dir dabei wichtige Dinge, die dein Text enthalten soll.
- Schreibe vollständige und richtige Sätze. Beachte die Grammatik und die Rechtschreibung. Setze Satzzeichen an den richtigen Stellen.
- Achte auf eine abwechslungsreiche Sprache. Verwende verschiedene Wörter aus einem Wortfeld, z. B. für „gehen“ oder „sagen“.
- Gliedere deinen Text logisch. Verwende verschiedene Satzanfänge und -verknüpfungen und mach an sinnvollen Stellen Absätze.
- Wenn du nur eine bestimmte Textlänge schreiben sollst, dann pass auf, dass deine Geschichte nicht zu kurz, aber auch nicht zu lang wird. Du solltest versuchen, möglichst genau den vorgegebenen Platz zu füllen.
- Lies dir deinen Text am Schluss noch einmal durch und prüfe, ob er flüssig ist oder inhaltliche Brüche hat.

Erlebniserzählung

- Beachte den Aufbau deiner Geschichte. Beginne mit einer Einleitung, die zum Thema hinführt. Schreibe dann einen Hauptteil mit dem Höhepunkt deiner Erzählung und am Ende einen Schluss, der deine Geschichte abrundet.
- Erzähle spannend. Adjektive und wörtliche Rede machen deine Geschichte lebendig.
- Denke dir eine passende Überschrift aus. Sie sollte kurz und treffend sein, aber noch nicht zu viel verraten.

Brief

- Denke an das Datum und die richtige Anrede für die Adressatin oder den Adressaten des Briefes. Achte darauf, dass du die Anrede durchgehend einhältst.
- Gliedere deinen Brief in verschiedene Abschnitte. Dadurch wird er übersichtlich und die Empfängerin oder der Empfänger kann ihn leichter lesen.
- Schreibe am Ende einen Gruß und deinen Namen unter den Text.

Bericht

- Schreibe sachlich und genau. Verwende keine wörtliche Rede und nicht zu viele Adjektive.
- Achte darauf, dass du bei der Beschreibung eines Ablaufs die Reihenfolge der Ereignisse richtig wiedergibst.
- Denke daran, dass auch jemand, der keine Ahnung vom vorgegebenen Thema hat, deinen Bericht verstehen sollte.

2 Übungsaufgaben

Aufgabe 1

Schau dir die Schatzkarte sorgfältig an.

Beschreibe einem Freund den Weg vom Kreuz (unten links) bis zum Schatz möglichst genau.

Nutze dabei unterschiedliche Richtungsanweisungen (rechts, links, geradeaus, hinter, nach, vor oder auch die Himmelsrichtungen) und beschreibe den Weg mit verschiedenen Satzanfängen.

Aufgabe 2

Schreibe die Geschichte fertig.

Denke dabei an eine passende Überschrift, einen ausführlichen Hauptteil, einen spannenden Höhepunkt und an einen Schluss, der die Geschichte abrundet.

Überschrift: ______________________________

Es ist Samstagmorgen. Meine Eltern und mein kleiner Bruder sind einkaufen gefahren. Ich hatte keine Lust und durfte zu Hause bleiben. Schließlich bin ich ja schon zehn Jahre alt. Ich musste nur versprechen, nichts anzustellen. Nachdem ich schon durchs ganze Haus gelaufen bin, meine neue Freiheit genieße und mir auch wirklich ganz fest vorgenommen habe, nichts anzustellen, fällt mein Blick auf den Aufgang zum Dachboden …

Aufgabe 3

Sieh dir die Bilder genau an und schreibe eine Bildergeschichte dazu.
Beachte dabei folgende Punkte:

- Halte die Reihenfolge der Bilder in deiner Geschichte ein.
- Gib den Figuren Namen.
- Baue wörtliche Reden ein.
- Wenn jemand deine Geschichte liest, muss er sie verstehen können, ohne die Bilder zu sehen.
- Überlege dir eine passende Überschrift.

Aufgabe 4

Nächste Woche soll für deine Klasse eine Lesenacht stattfinden. Leider haben zwei deiner Mitschüler den Unterricht so sehr gestört, dass die Lehrerin die Lesenacht jetzt ausfallen lassen möchte.

Du bist die Klassensprecherin/der Klassensprecher. Schreibe im Auftrag deiner Klasse einen Brief an die Lehrerin, in dem du ihr erklärst, warum die Lesenacht deiner Meinung nach stattfinden sollte. Finde möglichst viele passende Argumente.

Fünfter Kompetenzbereich: Zuhören

1 Vorbereitungs- und Lerntipps

Hinweise zu den Aufgabenstellungen

- Bei dem abgespielten Text kann es sich um eine Geschichte handeln, aber auch um einen Text, der von mehreren Personen gesprochen wird, zum Beispiel eine Radiosendung.
- Wenn du die richtigen Antworten ankreuzen musst, ist immer mindestens eine Lösung richtig. Es können auch mehrere richtige Antworten dabei sein. Dann musst du alle richtigen Antworten ankreuzen.
- Wenn du eine eigene Antwort schreiben sollst, schreibe immer ganze Sätze, außer es sind Stichworte verlangt.
- Manche Aufgaben fragen nach deiner Meinung. Hier sollst du schreiben, was du zu der Sache denkst. Eine richtige oder falsche Meinung gibt es meist nicht. Wichtig ist aber, dass du deine Meinung mithilfe des gehörten Textes gut begründest.
- Es gibt auch Aufgaben, bei denen du ankreuzen sollst, ob eine Aussage stimmt oder nicht stimmt oder ob bestimmte Figuren im Hörtext vorkommen oder nicht vorkommen. Hier gilt: Jede Aussage kann nur entweder stimmen oder nicht stimmen und jede Figur kann nur entweder vorkommen oder nicht vorkommen. Du darfst pro Aussage oder Figur also nur ein Kreuzchen machen.

Bearbeitungstipps

- Höre dir den Text zuerst aufmerksam an (die Hördateien findest du online im digitalen ActiveBook, beachte dazu die farbigen Hinweisseiten am Anfang des Buchs). Es ist wichtig, dass du dich gut konzentrierst. Lass dich nicht ablenken, sondern achte nur auf den Text. Schließe dafür die Augen, wenn du magst, oder schau nur auf deinen Schmierzettel.
- Während des Zuhörens kannst du dir Notizen machen. Schreibe dir aber nur Stichpunkte und nicht jede Kleinigkeit auf. Es wird nicht von dir verlangt, dass du dich an Einzelheiten erinnerst (z. B. an genaue Zahlenangaben). Du musst vor allem die Grundgedanken des Textes verstehen.
- Lies dir nach dem Zuhören die Fragen konzentriert durch und achte genau auf die Fragestellung. Manchmal verändert sich der Sinn einer Frage, wenn du ein Wort überliest oder falsch liest.

- Versuche, dich bei der Beantwortung der Fragen genau daran zu erinnern, was du im Text gehört hast. Du kannst dabei deine Notizen zu Hilfe nehmen.
- Wenn du dir bei einer Multiple-Choice-Aufgabe unsicher bist, arbeite nach dem Ausschlussverfahren: Sortiere erst einmal alle Antwortmöglichkeiten aus, die nicht infrage kommen. So kannst du dich der richtigen Antwort annähern.

2 Übungsaufgaben

Aufgabe 1

Höre dir die Geschichte „Die Perle“ (Track 3) online an.
Beantworte danach die Fragen zur Geschichte.
Du musst gut zuhören und dir möglichst viel aus der Geschichte merken, um nachher die Fragen beantworten zu können.

1.1 Woher weiß Biba, dass in der Muschel eine Perle ist?

- ☐ Biba hat die Muschel geöffnet und die Perle gesehen.
- ☐ Die Tiere haben ihm gesagt, dass eine Perle darin ist.
- ☐ Biba vermutet nur, dass in der Muschel eine Perle ist.
- ☐ Weil in allen Muscheln, die Biba schon gefunden hat, eine Perle war.

1.2 Nachdem Biba die Muschel gefunden hat, …

- ☐ baut er weiter an seinem Staudamm.
- ☐ schwimmt er zu seinen Freunden.
- ☐ sucht er nach weiteren Muscheln.
- ☐ hat er einen Traum.

1.3 Wieso sagt Biba, dass er die Muschel im Wald beim Holzfällen gefunden hat?

____

____

____

1.4 Biba wirft die Muschel am Ende der Geschichte wieder ins Wasser. Warum tut er das?

____

____

____

1.5 Welche Eigenschaft passt?
Die Tiere in Bibas Traum sind …

- ☐ gierig.
- ☐ traurig.
- ☐ ehrlich.
- ☐ ängstlich.

1.6 Glaubst du, dass Biba das Richtige getan hat? Begründe deine Meinung.

____

____

____

____

____

Aufgabe 2

Höre dir den Text „Eine kleine Luftgeschichte“ (Track 4) online an.
Beantworte danach die Fragen zur Geschichte.
Du musst gut zuhören und dir möglichst viel aus der Geschichte merken, um nachher die Fragen beantworten zu können.

2.1 Das kleine Lüftchen ist …

- ☐ langweilig.
- ☐ übermütig.
- ☐ brav.
- ☐ wütend.

2.2 Das kleine Lüftchen …

	stimmt	stimmt nicht
pustet ein Streichholz aus.	☐	☐
lässt einen Papierflieger gleiten.	☐	☐
trägt einen Vogel durch die Luft.	☐	☐
kühlt sich im Wasser ab.	☐	☐
spielt auf einer Gitarre.	☐	☐

2.3 Welche Figuren kommen in der Geschichte vor?

	kommt vor	kommt nicht vor
ein junges Mädchen mit einem Rock	☐	☐
ein kleines Mädchen mit einem Eis	☐	☐
ein älterer Herr mit Strohhut	☐	☐
eine schöne Dame mit Sonnenhut	☐	☐
ein kleiner Junge mit Luftballon	☐	☐
ein Karpfen mit Papierflieger	☐	☐

2.4 Die meisten Menschen und Tiere in der Geschichte freuen sich über das kleine Lüftchen. Warum?

____

____

____

2.5 „Eine kleine Luftgeschichte“ ist eine …

☐ Sachgeschichte.

☐ Tiergeschichte.

☐ Fantasiegeschichte.

☐ Erfahrungsgeschichte.

2.6 Das kleine Lüftchen bedankt sich am Ende der Geschichte beim Abendwind. Warum?

____

____

____

2.7 Jonas sagt: „Ich mag das kleine Lüftchen. Es ist nicht so langweilig wie seine schlafenden Kameraden.“

Ist das auch deine Meinung? Begründe.

____

____

____

____

____

Aufgabe 3

Höre dir die Radiosendung „Alle Vögel sind schon da“ (Track 5) online an. Beantworte danach die Fragen zur Radiosendung.
Du musst gut zuhören und dir möglichst viel daraus merken, um nachher die Fragen beantworten zu können.

3.1 Wer oder was ist alles in der Radiosendung zu hören?
Kreuze alle richtigen Antworten an.

- ☐ Vogelgezwitscher
- ☐ ein Vogelexperte
- ☐ eine Deutschlehrerin
- ☐ Kinder

3.2 Welche Funktionen hat der Gesang des Vogelmännchens?

1. ____________________

2. ____________________

3.3 Hannah sagt: „Die Vogelmännchen können doch singen, wie sie wollen. Das ist den Vogelweibchen ganz egal.“
Greta sagt: „Das stimmt doch gar nicht!“

Stimmst du Greta zu? Begründe mithilfe der Radiosendung.

____

____

____

____

3.4 In welcher Jahreszeit und warum genau dann singen die Männchen besonders schön?

____

____

____

3.5 Warum singen die Vogelmännchen weiter, wenn die Vogelküken geschlüpft sind?

- ☐ Sie wollen das Vogelweibchen auch weiterhin locken.
- ☐ Weil ihnen das Singen so viel Spaß macht.
- ☐ Damit die Vogelküken den Vogelgesang erlernen können.
- ☐ Die Vogelmännchen singen nicht mehr weiter, wenn die Küken geschlüpft sind.

3.6 „Mauser“ ist, wenn die Vögel …

- ☐ Mäuse fangen.
- ☐ ihre Federn verlieren.
- ☐ Junge bekommen.
- ☐ laut zwitschern.

3.7 Bei der Radiosendung geht es hauptsächlich um …

- ☐ den Sperber.
- ☐ die Feinde der Singvögel.
- ☐ die Tiere im Wald.
- ☐ den Gesang der Vögel.

3.8 Die Radiosendung ist …

- ☐ eine Autorenlesung.
- ☐ eine Wissenssendung.
- ☐ eine Quizshow.
- ☐ Keine der Antworten ist richtig.

Aufgabe 4

Höre dir den Text „Warum speien Vulkane Feuer?" (Track 6) online an.
Beantworte danach die Fragen dazu.
Du musst gut zuhören und dir möglichst viel aus dem Text merken, um nachher die Fragen beantworten zu können.

4.1 Was kommt bei einem Vulkanausbruch **nicht** aus dem Krater?

- ☐ Glut
- ☐ Asche
- ☐ Gase
- ☐ Wasserdampf

4.2 Im Text kannst du hören, …

	stimmt	stimmt nicht
dass die Erde eine Kugel ist.	☐	☐
dass es auch im Meer Vulkane gibt.	☐	☐
dass Lava immer kalt ist.	☐	☐
dass von Vulkanen keine Gefahr ausgeht.	☐	☐
dass es Vulkaninseln gibt.	☐	☐

4.3 Im Text wird erklärt, dass Vulkanologen und Mineralogen erforschen, wie ein Vulkan entsteht und warum es zu Vulkanausbrüchen kommt. Warum ist die Arbeit der Forscherinnen und Forscher so wichtig?

____

____

____

____

____

4.4 a) Wie heißt die heiße Masse, die bei einem Vulkanausbruch aus dem Innern des Kraters nach oben drängt?

____

b) Wie ändert sich der Name der heißen Masse, sobald sie an die Erdoberfläche gelangt?

____

4.5 Der Hörtext „Warum speien Vulkane Feuer" …

- ☐ ist ein Text über einen bekannten Mineralogen und Vulkanologen.
- ☐ ist ein Bericht über die Vulkaninsel Lanzarote.
- ☐ ist ein Sachtext über Vulkanausbrüche.
- ☐ handelt von einem Flug über einem Vulkan.

4.6 Im Text steht, dass sich die Wissenschaftler die Lava genau ansehen, um mit ihrer Hilfe zu verstehen, wie es im Innern der Erde aussieht. Wieso tauchen sie nicht einfach mit einem U-Boot durch den Krater ins Innere der Erde?

____

____

____

____

____

4.7 Nenne drei Merkmale von Vulkanen. Schreibe in ganzen Sätzen.

1. ______________________________________
2. ______________________________________
3. ______________________________________

Aufgabe 5

Höre dir die Radiosendung zum Thema Windräder (Track 7) online an.
Beantworte danach die Fragen zur Radiosendung.
Du musst gut zuhören und dir möglichst viel daraus merken,
um nachher die Fragen beantworten zu können.

5.1 Wer ist alles in der Radiosendung zu hören?
Kreuze alle richtigen Antworten an.

- ☐ ein Professor
- ☐ Kinder
- ☐ eine Moderatorin
- ☐ eine Kinderreporterin

5.2 Schreibe mit einem Satz auf, was moderne Windräder machen.

____

____

____

5.3 Linda sagt: „Ich habe auch einen Generator zu Hause." Glaubst du ihr? Begründe mithilfe der Radiosendung.

____

____

____

5.4 Was ist ein Generator?

- ☐ eine Maschine, die Windräder dreht.
- ☐ eine magnetische Spule.
- ☐ ein Rotorblatt eines Windrades.
- ☐ ein anderes Wort für Strom.

5.5 Welche Geräte funktionieren bei dir zu Hause nur mit Strom? Kreuze alle richtigen Antworten an.

- ☐ Waschmaschine
- ☐ Kühlschrank
- ☐ Fernseher
- ☐ kaltes Wasser

5.6 Welchen Rat gibt die Moderatorin den Zuhörern am Ende des Beitrages? Sie rät ihnen, …

- ☐ einen Spaziergang zum Stausee zu machen.
- ☐ ein Buch über Windräder zu lesen.
- ☐ ihr Wissen in einem Aufsatz festzuhalten.
- ☐ sich eine alte Windmühle anzusehen.

5.7 Die Radiosendung ist hauptsächlich …

- ☐ für Kinder.
- ☐ für Erwachsene.
- ☐ für Fachleute.
- ☐ für Professoren.

Lösungen

Erster Kompetenzbereich: Lesen

Text 1

1.1 Welche Überschrift würde auch zu der Geschichte passen?

Hinweis: *„Die Eifersucht" würde auch als Überschrift zur Geschichte passen, denn sie handelt ja davon, dass Max Maus eifersüchtig auf seine Brüder ist, weil diese immer genug Vorräte für die Familie sammeln. „Ein unheimlicher Morgen" passt nicht, denn der Morgen ist für Max Maus ja zunächst sehr vergnüglich und auch später ist er eher einsam, als dass er sich fürchtet. „Wintervorräte" ist ebenfalls nicht passend, da die Mäuse zwar Essen sammeln, dies aber nicht der Hauptinhalt der Geschichte ist. Die letzte Überschrift ist auch nicht geeignet, denn die Mäusefamilie, also Max Maus und seine Brüder, sind am Ende zwar eine glückliche Familie, aber der größte Teil der Geschichte handelt ja genau davon, dass Max Maus nicht glücklich ist.*

- ☐ Ein unheimlicher Morgen
- ☐ Wintervorräte
- ☒ Die Eifersucht
- ☐ Eine glückliche Mäusefamilie

1.2 Wie viele Tiere kommen in der Geschichte vor?

Hinweis: *In der Geschichte kommen vier Tiere vor: Max Maus, seine zwei Brüder Alfred und Willi und die Mutter. Siehe Zeile 1: „Max Maus hat zwei große Brüder" und Zeile 4: „(...) sagt Max Maus zur Mutter."*

- ☐ eins
- ☐ zwei
- ☐ drei
- ☒ vier

1.3 Warum geht Max Maus am nächsten Morgen in der Früh ganz alleine hinaus?

Hinweis: *Siehe Zeile 20: „Ich würde so gern einmal etwas allein machen, denkt er."*

Max Maus fühlt sich den ganzen Tag gegenüber seinen Brüdern benachteiligt. Er möchte gerne mal etwas alleine machen, um zu zeigen, dass er auch schon groß ist und was kann.

1.4 Kreuze alle richtigen Antworten an.
Max Maus findet, ...

Hinweis: *Alle Antworten sind richtig. Im Verlauf der Geschichte verändert sich das Empfinden von Max Maus. Siehe Zeilen: 24/25, 26, 28, 30/31.*

- [x] es ist herrlich ohne Brüder.
- [x] es ist ein Riesenspaß ohne Brüder.
- [x] es ist nur noch ein bisschen nett ohne Brüder.
- [x] es ist überhaupt nicht schön ohne Brüder.

1.5 Max Maus ...

Hinweis: *Aussage 1 stimmt nicht, denn Max Maus bringt Gras mit nach Hause, auch wenn es weniger ist, als seine Brüder mitbringen. Siehe Zeilen 11/12: „Die beiden bringen mehr Gras nach Hause als Max Maus." Die zweite Aussage ist richtig: Max Maus geht am ersten Tag dreimal in den Garten. Siehe Zeilen 3/4, 9, 14: „Ich gehe ein wenig Nüsse sammeln." „Ich gehe ein wenig Gras zupfen." „Ich gehe ein wenig Gänseblümchen pflücken." Aussage 3 ist falsch, denn Max Maus ist der kleine Bruder von Alfred und Willi. Siehe Zeile 1: „Max Maus hat zwei große Brüder." Aussage 4 ist ebenfalls falsch, denn Max Maus trifft im Garten keinen Freund, sondern immer nur seine großen Brüder. Aussage 5 stimmt wiederum, denn am Ende der Geschichte gehen alle, auch Max Maus, glücklich nach Hause, nachdem sie zusammen gespielt und Nahrung gesammelt haben.*

	stimmt	stimmt nicht
bringt kein Gras mit nach Hause.	☐	☒
geht am ersten Tag dreimal in den Garten.	☒	☐
ist der große Bruder von Alfred und Willi.	☐	☒
trifft im Garten seinen Freund.	☐	☒
ist am Ende der Geschichte glücklich.	☒	☐

1.6 Von welchen Dingen bringen die Brüder von Max Maus mehr als er nach Hause?

Hinweis: *Die Brüder von Max Maus bringen mehr Nüsse, mehr Gras und mehr Gänseblümchen mit nach Hause. Siehe Zeile 7: „Die beiden bringen mehr Nüsse nach Hause als Max Maus", Zeilen 11/12: „Die beiden bringen mehr Gras nach Hause als Max Maus" und Zeilen 17/18: „Die beiden bringen mehr Gänseblümchen nach Hause als Max Maus."*

Die Brüder von Max Maus bringen mehr Nüsse, mehr Gras und mehr Gänseblümchen als er nach Hause.

1.7 Wie viel Zeit vergeht ungefähr vom Anfang bis zum Ende der Geschichte?

Hinweis: *Es vergehen ungefähr zwei Tage. Am ersten Tag geht Max Maus hinaus und ärgert sich über seine Brüder. Dann geht er ins Haus und schläft eine Nacht. Am nächsten Morgen, also am zweiten Tag, geht er wieder in den Garten.*

- [ ] wenige Stunden
- [ ] ein Tag
- [x] zwei Tage
- [ ] eine Nacht

1.8 Finde die richtige Reihenfolge.

Hinweis: *Zu 1 siehe Zeilen 3 bis 6: „‚Ich gehe ein wenig Nüsse sammeln.' (...) Max Maus geht in den Garten." Zu 2 siehe Zeile 19: „Abends, als alle im Bett liegen, kann Max Maus nicht einschlafen." Zu 3 siehe Zeilen 22/23: „Er schlüpft aus dem Haus und schleicht in den Garten. Jetzt kann er endlich etwas allein tun." Zu 4 siehe Zeile 32: „Traurig setzt er sich nieder." Zu 5 siehe Zeilen 32/33: „Max Maus schaut auf und ... da sieht er Alfred und Willi, seine Brüder!"*

[4] Max Maus ist traurig.

[3] Max Maus geht allein durch den Garten.

[1] Max Maus geht in den Garten, um Nüsse zu sammeln.

[5] Max Maus freut sich, seine Brüder zu sehen.

[2] Max Maus geht ins Bett.

1.9 Alfred und Willi sind ...

Hinweis: *Aussage 1 stimmt, denn dass sie genug Essen für alle mit nach Hause bringen, ist fleißig von ihnen. (Dass sie das tun, kannst du in den Zeilen 8, 12/13 und 18 nachlesen.) Aussage 2 ist nicht richtig, denn im Text steht nichts davon, dass Alfred und Willi böswillig handeln, wenn sie mehr Essen als Max Maus mit nach Hause bringen, auch wenn Max Maus sich darüber ärgert. Davon, dass sie Max Maus auslachen, steht ebenfalls nichts im Text, Aussage 3 ist also auch nicht richtig. Dass Max Maus allein in den Garten geht, wissen sie erst gar nicht, somit ist Aussage 4 auch nicht richtig.*

- [x] fleißig, denn sie bringen immer genug Essen nach Hause.
- [ ] gemein, denn sie bringen immer mehr Essen als Max Maus mit.

☐ nicht nett, denn sie lachen Max Maus immer aus.

☐ herzlos, denn sie lassen Max Maus ganz allein in den Garten gehen.

1.10 Max Maus hat in dieser Geschichte etwas gelernt.
Stimmst du dem zu oder nicht?
Begründe mithilfe des Textes.

Hinweis: *Wenn in einer Aufgabe steht, dass du etwas „mithilfe des Textes" begründen sollst, dann sollen in deiner Antwort Wörter oder Inhalte aus dem Text vorkommen. Hier sollst du dir also auf Grundlage des Textes eine eigene Meinung bilden und diese aufschreiben.*

Lösungsvorschlag:

Max Maus ist am Anfang der Geschichte sehr eifersüchtig auf seine großen Brüder, weil diese immer mehr Vorräte nach Hause bringen. Als er dann allein in den Garten geht, hat er zwar zunächst mehr Spaß, fühlt sich dann aber schnell sehr einsam. Hier hat er gelernt, dass vieles zusammen sehr viel mehr Spaß macht und dass das wichtiger ist als seine Eifersucht.

Text 2

2.1 Im Text findest du Aktionen …

Hinweis: *Siehe im Eingangstext: „Angeboten werden die Aktionen von verschiedenen Vereinen der Stadt Frederiksburg."*

☐ des Schlossherrn von Frederiksburg.

☐ der Freunde und Förderer der Ritterspiele GmbH.

☒ der ortsansässigen Vereine.

☐ des Stadttheaters.

2.2 Was darf die Gruppe machen, nachdem sie im Museum war?

Hinweis: *Siehe „Programm" bei Aktion 1: „Anschließend werden wir im Werkkeller der Frederiksburg ein eigenes Wappen aus Sperrholz herstellen."*

Sie darf ein eigenes Wappen aus Sperrholz herstellen.

2.3 Wann und wo kannst du dich anmelden, um an der Aktion „Wappen herstellen" teilzunehmen?

Hinweis: *Siehe „Anmeldung" bei Aktion 1: „Anmeldung erforderlich im Büro des Heimatvereins, Öffnungszeiten Montag und Mittwoch, 16.00–18.00 Uhr." Die vierte Antwort ist also richtig.*

- ☐ Montags um 16.00 Uhr auf Schloss Frederiksburg.
- ☐ Hierfür musst du dich gar nicht anmelden.
- ☐ Montags um 17.00 Uhr bei Susanne Knieps.
- ☒ Mittwochs um 17.00 Uhr im Büro des Heimatvereins.

2.4 Maximilian hat nur einen Tag Zeit, um an einer Aktion teilzunehmen. Welche Aktion kommt für ihn infrage?

Hinweis: *Nur die Aktion „Wappen herstellen" ist an einem Tag zu schaffen. Bei der Aktion „Ein Burgfräulein im Mittelalter" findet am nächsten Tag noch eine Modenschau statt und außerdem ist die Aktion nur für Mädchen. „Spielen wie die Ritter" geht über den ganzen Zeitraum der Veranstaltung und „Kräuter und Gewürze des Mittelalters" dauert zwei Tage.*

- ☒ Wappen herstellen
- ☐ Ein Burgfräulein im Mittelalter
- ☐ Spielen wie die Ritter
- ☐ Kräuter und Gewürze des Mittelalters

2.5 Lina möchte ihrer Mutter ein nützliches Geschenk machen. An welcher Aktion sollte sie dafür teilnehmen?

Hinweis: *Lina kann zwar bei der Aktion „Wappen herstellen" am Ende ein selbst hergestelltes Wappen mit nach Hause nehmen, doch wäre dies für ihre Mutter sicher kein nützliches Geschenk. Dafür eignet sich besser das Gewürzsäckchen, das man bei der Aktion „Kräuter und Gewürze des Mittelalters" bekommen kann. Siehe „Programm" bei Aktion 4: „Zum Abschluss dürft ihr euer Lieblingsgewürz in einem kleinen Leinensäckchen mit nach Hause nehmen."*

- ☐ Wappen herstellen
- ☐ Ein Burgfräulein im Mittelalter
- ☐ Spielen wie die Ritter
- ☒ Kräuter und Gewürze des Mittelalters

2.6 Tina ist sehr ängstlich, verkleidet sich aber gerne und möchte deshalb an der Aktion „Ein Burgfräulein im Mittelalter“ teilnehmen. Sabine sagt: „Tu das besser nicht, wenn du so ängstlich bist.“ Hat Sabine recht? Begründe deine Entscheidung.

Hinweis: *Siehe „Programm“ bei Aktion 3: „Danach dürft ihr das passende Kostüm aus unserem Fundus anprobieren und wir üben eine Modenschau ein. Diese findet dann am nächsten Tag um 15.00 Uhr auf der großen Bühne der Burg statt.“*

Lösungsvorschlag:

Ich glaube, dass Sabine mit ihrem Einwand recht hat. Tina verkleidet sich zwar gerne und hätte deshalb bestimmt Spaß daran, verschiedene Kostüme anzuprobieren. Aber weil sie so ängstlich ist, würde sie sich bestimmt nicht trauen, bei einer Modenschau auf der großen Bühne mitzumachen.

2.7 Wieso kosten die Aktionen 1 und 4 Geld?

Hinweis: *Siehe „Programm“ bei Aktion 1: „Anschließend werden wir (...) ein eigenes Wappen aus Sperrholz herstellen.“ Und unter „Programm“ bei Aktion 4 heißt es: „Am nächsten Tag essen wir gemeinsam. Zum Abschluss dürft ihr euer Lieblingsgewürz in einem kleinen Leinensäckchen mit nach Hause nehmen.“*

Für die Aktionen 1 und 4 muss der Veranstalter Material bereitstellen (Holz und Farbe für das Wappen/Gewürze und Stoff für das Gewürzsäckchen) und das muss man bezahlen. Bei der Aktion 4 wird zum Abschluss noch zusammen gegessen, was ebenfalls bezahlt werden muss. Daher kosten die Aktionen 1 und 4 im Gegensatz zu den Aktionen 2 und 3 Geld.

2.8 Bei den Beschreibungen der Aktionen erfährst du etwas darüber, ...

Hinweis: *Aussage 1 stimmt, denn in der Zeile „Alter“ steht immer, für wen die Aktion gedacht ist, zum Beispiel „Kinder ab 7 Jahren“. Aussage 2 stimmt nicht; es gibt keine Hinweise darauf, wie viele Kinder teilnehmen dürfen. Aussage 3 ist richtig, denn bei Aktion 3 in der Zeile „Alter“ steht, dass die Veranstaltung für Mädchen ab 9 Jahren ist. Die Aussage 4 ist ebenfalls richtig. Das siehst du in der Zeile „Zeit und Ort“. Hier steht, ob die Veranstaltung nur einen Tag dauert, zum Beispiel „30. August“, oder mehrere Tage, zum Beispiel „jeden Tag“. Die letzten beiden Aussagen sind falsch. Darüber findest du in den Beschreibungen keine Hinweise.*

	stimmt	stimmt nicht
wer teilnehmen darf.	☒	☐
wie viele Kinder teilnehmen dürfen.	☐	☒
ob die Aktion eher für Mädchen oder für Jungen gedacht ist.	☒	☐
wie viele Tage die Aktion dauert.	☒	☐
wer sich bereits angemeldet hat.	☐	☒
ob die Aktion schon ausgebucht ist.	☐	☒

2.9 Der achtjährige Justus möchte gerne an allen Aktionen teilnehmen. Ist das möglich?

Hinweis: *Nein, das ist nicht möglich. Die Aktion „Ein Burgfräulein im Mittelalter" zum Beispiel ist erst ab 9 Jahren und außerdem nur für Mädchen gedacht und Justus ist ja ein Junge. Siehe Aktion 3: „Alter: Mädchen ab 9 Jahren". Von den Aktionen „Wappen herstellen" und „Kräuter und Gewürze des Mittelalters" kann Justus nur eine besuchen, denn beide starten zur gleichen Zeit. Siehe Aktion 1: „Zeit und Ort: 30. August, 15.00 bis 16.30 Uhr (…)" und Aktion 4: „Zeit und Ort: 30. und 31. August, 15.00 Uhr bis 18.00 Uhr (…)"*

An Aktion 3 kann Justus nicht teilnehmen, weil diese Aktion erst ab 9 Jahren und außerdem nur für Mädchen gedacht ist. An Aktion 2 kann Justus jeden Tag zwischen 14.00 und 15.00 Uhr teilnehmen. Bei den Aktionen 1 und 4 muss Justus sich entscheiden, was er lieber machen möchte, denn beide Veranstaltungen beginnen am 30. August um 15.00 Uhr.

2.10 Finden die Ritterspiele auf Schloss Frederiksburg zum ersten Mal statt? Begründe mithilfe des Textes.

Hinweis: *Siehe Eingangstext: „Auch in diesem Jahr gibt es während unserer traditionellen Ritterspiele wieder viele Aktionen zum Mitmachen für Kinder."*

Die Ritterspiele auf Schloss Frederiksburg finden nicht zum ersten Mal statt, denn im Text steht: „Auch in diesem Jahr gibt es während unserer traditionellen Ritterspiele wieder …" Die Wörter „auch", „traditionell" und „wieder" sind ein Hinweis darauf.

Text 3

3.1 Wieso freut sich der Wolf, als ihm der Hund über den Weg läuft?

Hinweis: *Siehe Zeilen 3/4: „Jeder Bissen hätte ihn erfreuen können, selbst der Rest einer verwesenden Maus, so ausgehungert war er."*

- [ ] Weil er einsam ist.
- [x] Weil er Hunger hat.
- [ ] Weil er auf den Hof will.
- [ ] Weil ihm kalt ist.

3.2 Der Hund erzählt von einem Hochzeitsmahl. Warum?

Hinweis: *Die Antwort steht nicht direkt im Text, du musst sie dir also selbst erschließen.*

Der Hund will den Wolf davon abhalten, ihn sofort zu fressen. Deshalb sagt er ihm, dass er nach dem reichhaltigen Mahl viel fetter ist als jetzt und dann besser schmeckt.

3.3 Wann soll die Hochzeit stattfinden?

Hinweis: *Siehe Zeilen 14/15: „„Morgen werde ich wohlgenährt sein und strotzen vor Fett. Denn dann heiratet die Tochter meines Herrn einen steinreichen Gutsbesitzer. (…)"'*

- [x] am nächsten Tag
- [ ] in zwei Tagen
- [ ] in einer Woche
- [ ] im Sommer

3.4 Wie geht es dem Wolf am Ende der Geschichte?

Hinweis: *Siehe Zeilen 33/34: „Aber der Wolf war schon laut schimpfend geflüchtet."*

- [ ] Er ist zufrieden.
- [ ] Er ist satt.
- [ ] Er ist ängstlich.
- [x] Er ist verärgert.

3.5 Lena sagt: „Der Wolf freut sich über das leckere Essen auf der Hochzeit, weil er auch dort hingehen will."
Stimmst du ihr zu? Begründe.

Hinweis: *Der Wolf will nicht die Leckereien auf der Hochzeit verspeisen, sondern den Hund, wenn er durch das Hochzeitsmahl fetter geworden ist. Siehe Zeile 14: „‚Morgen werde ich wohlgenährt sein und strotzen vor Fett. (…)'" Und Zeilen 19/20: „‚Das wäre ein Essen für dich (…) und nicht meine miese Figur von heute. (…)'"*

Nein, der Wolf will nicht auf die Hochzeit gehen. Die Speisen machen ihm den Mund wässrig, weil er sich vorstellt, wie der Hund die Speisen frisst und er dann den wohlgenährten Hund fressen kann.

3.6 Nummeriere in der richtigen Reihenfolge.

Hinweis: *Lies den Text noch einmal genau und kennzeichne die hier angegebenen Stellen (zum Beispiel mit einem Textmarker). Danach kannst du die richtige Reihenfolge festlegen. (Nr. 1: Zeile 5, Nr. 2: Zeilen 12 bis 17, Nr. 3: Zeilen 24/25, Nr. 4: Zeile 25, Nr. 5: Zeile 26, Nr. 6: Zeile 32, Nr. 7: Zeilen 33/34)*

[2] Der Hund erzählt vom Hochzeitsmahl.
[7] Der Wolf flüchtet.
[3] Der Wolf lässt sich auf den Vorschlag ein.
[1] Der Hund trifft den Wolf.
[4] Der Wolf lässt den Hund laufen.
[5] Der Wolf kommt auf den Hof.
[6] Die Wachhunde bellen.

3.7 Findet die Hochzeit zwischen der Tochter des Hofbesitzers und dem Gutsbesitzer statt?

Hinweis: *Siehe Zeilen 23/24: „Der Wolf war ganz verrückt geworden von all den herrlichen Speisen, die der kleine Schlauberger ihm vorgesponnen hatte."*

Die Hochzeit findet nicht statt. Der Hund hat sich die Geschichte nur ausgedacht, um dem Wolf zu entkommen.

3.8 Lukas sagt: „Der Hund ist am Ende gar nicht mehr so ängstlich, wie er am Anfang der Geschichte wirkt."
Stimmst du ihm zu? Begründe.

Hinweis: *Hier ist nach deiner eigenen Meinung gefragt. Du musst dir deine Antwort selbst erschließen und sie dann in ganzen Sätzen aufschreiben.*

Lösungsvorschlag:

Ich stimme Lukas zu. Am Anfang zittert der kleine Hund noch vor Angst. Doch dann rettet er sich durch eine List aus der Situation und am Ende der Geschichte ruft er dem Wolf sehr selbstbewusst zu, dass er warten soll, und bellt dann aus Leibeskräften. Hier fühlt sich der Hund sicher und wirkt gar nicht mehr ängstlich.

3.9 Welche Aussage aus dem Text bezieht sich **nicht** auf den Hund?

Hinweis: *Hier musst du gut aufpassen, denn du sollst ankreuzen, was sich nicht auf den Hund bezieht. Mit „würziger Schinken" ist eine der Speisen gemeint, die es auf dem Fest geben soll, siehe Zeile 16. Alle anderen Aussagen beziehen sich auf den Hund, siehe Zeilen 24, 18 und 7.*

- [ ] kleiner Schlauberger
- [ ] pfiffiger Köter
- [x] würziger Schinken
- [ ] Dreikäsehoch

3.10 Warum bellt der kleine Hund am Ende der Geschichte?

Hinweis: *Siehe Zeilen 32/33: „Sofort schlugen auch die Wachhunde an, und der Herr stürmte bald darauf aus dem Haus, um die Hunde loszulassen."*

Der Hund bellt so laut, um die Wachhunde zu alarmieren. Dadurch wird auch der Hofbesitzer wach und lässt die Hunde los, um den Wolf zu vertreiben.

Text 4

4.1 Wo müssen die Schülerinnen und Schüler den unteren Abschnitt abgeben?

Hinweis: *Siehe im Anschreiben an die Schülerinnen und Schüler: „Fülle den unteren Abschnitt aus und wirf ihn in den Briefkasten am Lehrerzimmer."*

Sie müssen den unteren Abschnitt in den Briefkasten am Lehrerzimmer einwerfen.

4.2 Wie lange dauert es noch, bis die Projektwoche anfängt?

Hinweis: *Du musst die Zeit zwischen dem Datum des Briefes (das steht oben rechts auf dem Brief: 21. Mai) und dem Beginn der Projektwoche (siehe Anschreiben an die Schüler: „Der Zirkus ‚Vorhang auf' ist vom 11. bis 15. Juni bei uns zu Gast.") ausrechnen und das sind genau drei Wochen, also 21 Tage.*

- [x] 21 Tage
- [ ] 4 Wochen
- [ ] bis zum 16. Juni
- [ ] bis zum 21. Mai

4.3 Bei welchem Projekt darfst du dir ein Kostüm aussuchen?

Hinweis: *Siehe Projekt Nr. 1: „Für die Aufführung dürft ihr als Gruppe ein Kostüm und ein passendes Musikstück aussuchen."*

Bei Projekt Nr. 1 (Jonglieren und Balancieren) darf man sich ein Kostüm aussuchen.

4.4 Wohin findet bei einem Projekt der Ausflug statt?

Hinweis: *Siehe Projekt Nr. 2: „Außerdem besuchst du am dritten Projekttag die Kinder-Comedy-Hall in der Stadt."*

- [ ] zu Pepe dem Clown
- [ ] in ein Märchenzelt aus Tausendundeiner Nacht
- [ ] in eine Zaubershow
- [x] in die Kinder-Comedy-Hall

4.5 Wovor darf man bei Projekt Nr. 3 keine Angst haben?
Kreuze alle richtigen Antworten an.

Hinweis: *Siehe Projekt Nr. 3: „Du darfst keine Angst vor Nägeln, Scherben und Feuer haben." Wichtig ist hier, dass du wirklich alle drei Wörter ankreuzt.*

- [X] vor Feuer
- [X] vor Nägeln
- [ ] vor Fakiren
- [X] vor Scherben

4.6 Kreuze an, was stimmt.

Hinweis: *Nur die erste Antwort ist richtig. Siehe Projekt Nr. 5: „Im lässigen Trikot, in den Farben Rot und Blau, (...)." Die zweite Antwort ist falsch, da man in diesem Projekt schwindelfrei sein muss. Antwort 3 ist falsch, weil man im Projekt Nr. 5 am Boden turnt, und die letzte Antwort ist falsch, weil die Kinder nicht aus Dosen Pyramiden bauen, sondern mit ihren Mitschülern.*

- [X] Im Projekt Akrobatik hat man rote und blaue Kleidung an.
- [ ] Im Projekt Akrobatik darf man nicht schwindelfrei sein.
- [ ] Im Projekt Nr. 6 wird am Boden geturnt.
- [ ] Im Projekt Akrobatik werden Pyramiden aus Dosen gebaut.

4.7 Lilli aus der 2. Klasse hat überhaupt keine Angst und möchte gern bei den Fakiren mitmachen.
Darf sie das? Begründe mithilfe des Textes.

Hinweis: *Siehe Projekt Nr. 3: „Bei diesem Projekt dürfen sich nur Schülerinnen und Schüler der 3. und 4. Klassen anmelden!"*

Lilli darf nicht mitmachen, weil sie in die zweite Klasse geht. Für das Projekt Fakire dürfen sich nur Schüler der dritten und vierten Klassen anmelden.

4.8 Den Kindern wird in den Projekten nicht angeboten, …

Hinweis: *Nur die erste Antwort muss angekreuzt werden, weil gefragt ist, was die Kinder in den Projekten nicht angeboten bekommen. Sie dürfen zwar balancieren, aber nicht auf Tüchern, siehe Projekt Nr. 1: „Du balancierst auf einem Seil und auf großen luftgefüllten Bällen.“*

- [x] auf Tüchern zu balancieren.
- [ ] auf einem Einrad zu fahren.
- [ ] Kaninchen wegzuzaubern.
- [ ] Sketche einzuüben.

4.9 Aus wie vielen Projekten können die Kinder der 3. Klasse wählen?

Hinweis: *Die Kinder der 3. Klasse dürfen zwar bei Projekt Nr. 3 mitmachen („Bei diesem Projekt dürfen sich nur Schülerinnen und Schüler der 3. und 4. Klassen anmelden!“), aber nicht bei Projekt Nr. 6 („Dieses Projekt richtet sich an die unteren beiden Klassen.“). Alle anderen Projekte sind für alle Klassenstufen.*

- [ ] 3
- [ ] 4
- [x] 5
- [ ] 6

4.10 Lukas ist in der 2. Klasse und möchte gern beim Einradfahren mitmachen. Er hat kein eigenes Einrad.
Darf er bei dem Projekt mitmachen? Begründe.

Hinweis: *Siehe Projekt Nr. 6: „Dieses Projekt richtet sich an die unteren beiden Klassen. (…) Das Einrad wird gestellt.“*

Lukas darf bei dem Projekt mitmachen. Er geht in die zweite Klasse und um mitmachen zu dürfen, muss er in einer der unteren beiden Klassen sein. Ein eigenes Einrad braucht er nicht, denn das bekommt er zur Verfügung gestellt.

4.11 Bei welchen Projekten gibt es vorgegebene Kostüme?

Hinweis: *Bei Projekt 4 steht: „Als Kostüm für die Aufführung erhältst du einen schwarzen Frack mit Zylinder", und bei Projekt 5 ist beschrieben: „Im lässigen Trikot, in den Farben Rot und Blau, (...)." Beim ersten Projekt wird zwar auch ein Kostüm erwähnt, aber hier ist es nicht vorgegeben, sondern man darf es sich aussuchen.*

- ☐ bei allen Projekten
- ☐ bei keinem Projekt
- ☐ bei den Projekten 1 und 2
- ☒ bei den Projekten 4 und 5

4.12 Mohamed findet es ungerecht, dass er einen Ersatzwunsch angeben soll und dann vielleicht nicht sein erster Wunsch bei der Projektwahl berücksichtigt wird.
Findest du das auch? Begründe mithilfe des Textes.

Hinweis: *Hier ist wieder deine eigene Meinung gefragt, du musst dir deine Antwort also selbst erschließen. Die Erklärung für den Ersatzwunsch findest du im Anschreiben an die Schülerinnen und Schüler: „Gib bitte auch einen zweiten Wunsch an, denn es könnte sein, dass sich für deinen Erstwunsch schon zu viele Kinder angemeldet haben." Achte bei deiner Antwort darauf, in ganzen Sätzen zu schreiben.*

Lösungsvorschlag:

Ich finde es nicht ungerecht, denn es können ja nicht alle Kinder bei einem Projekt mitmachen. Dass man, wenn sich zu einem Projekt schon zu viele angemeldet haben, nicht irgendeinem anderen Projekt zugeordnet wird, sondern selbst einen Ersatzwunsch angeben darf, ist, im Gegenteil, sogar sehr gerecht.

4.13 Was gehört zu Projekt Nr. 4?

Hinweis: *Das Projekt Nr. 4 hat den Namen „Zauberei". Damit weißt du schon, dass zaubern ein Teil dieses Projektes ist.*

- ☒ zaubern
- ☐ balancieren
- ☐ turnen
- ☐ seiltanzen

Text 5

5.1 Welche Klasse hat am Mittwoch in der 3. und 4. Stunde Sportunterricht?

Hinweis: *Siehe in der Tabelle unter Mittwoch die Zeit zwischen 10.00 Uhr und 11.35 Uhr.*

- ☐ Klasse 4 a
- ☒ Klasse 4 b
- ☐ Klasse 3 a
- ☐ Klasse 3 b

5.2 Wie lange dauert die 2. Pause?

Hinweis: *Die 2. Pause beginnt am Ende der 4. Stunde um 11.35 Uhr und endet zum Anfang der 5. Stunde um 11.45 Uhr.*

Die 2. Pause dauert **10** Minuten.

5.3 Manuel muss montags in der 6. Stunde zum Förderturnen. Wann muss er da sein?

Hinweis: *Die 6. Stunde beginnt um 12.35 Uhr.*

- ☐ 11.35 Uhr
- ☐ 11.45 Uhr
- ☒ 12.35 Uhr
- ☐ 13.20 Uhr

5.4 An welchen Tagen hat die Klasse 2b Sportunterricht?

Hinweis: *Siehe in der Tabelle unter Dienstag die 3. und 4. Stunde und unter Freitag die 4. Stunde.*

Die Klasse 2b hat am Dienstag und am Freitag Sportunterricht.

5.5 Wie viele Sportstunden hat jede Klasse in der Woche (ohne Förderunterricht)?

Hinweis: *Jede Klasse hat eine Doppelstunde, also zwei Sportstunden, und zusätzlich noch eine einzelne Stunde Sport. Das macht zusammen drei Sportstunden.*

- [ ] zwei Stunden
- [x] drei Stunden
- [ ] vier Stunden
- [ ] unterschiedlich viele

5.6 Die Sportlehrerin der Klassen 2a und 2b möchte noch eine zusätzliche Sportstunde für beide Klassen gemeinsam am Vormittag anbieten. Diese darf aber nicht an einem Tag sein, an dem die Kinder schon Sportunterricht haben.
Suche mithilfe des Belegungsplanes heraus, wann die zusätzliche Sportstunde stattfinden kann.

Hinweis: *Du findest die Antwort, indem du zuerst schaust, wann die Turnhalle nicht belegt ist. Anschließend musst du nachsehen, an welchen dieser Tage die Klassen 2a und 2b schon Sportunterricht haben. Diese Tage scheiden aus. (Natürlich kannst du auch umgekehrt schauen, wann die Klassen 2a und 2b keinen Sport haben, und dann nachsehen, ob die Turnhalle an diesen Vormittagen noch irgendwann frei ist.)*

Die zusätzliche Sportstunde kann entweder mittwochs in der 6. Stunde oder donnerstags in der 5. oder 6. Stunde stattfinden.

5.7 Maria ist in der 1. Klasse und möchte gerne tanzen lernen.
Welchen Kurs kann sie dafür besuchen?
Wann findet dieser statt?

Hinweis: *Da Maria in der 1. Klasse ist, kann sie nicht dienstags an der Tanz-AG teilnehmen, da diese nur für Mädchen der 3. und 4. Klasse ist. Der Hip-Hop-Kurs hingegen ist für alle Kinder und auch für Anfänger gedacht (Hip-Hop ist ein bestimmter Tanzstil).*

Maria kann den Hip-Hop-Kurs besuchen. Dieser findet donnerstags zwischen 15.30 Uhr und 16.30 Uhr statt.

5.8 Wie heißt die Theater-AG der Schule?

Hinweis: *Der Name steht in der Dienstagspalte unter Theater-AG.*

Die Theater-AG der Schule heißt „Vorhang auf".

5.9 An welchen Tagen kann in der Schule Fußball gespielt werden?

Hinweis: *Um diese Frage zu beantworten, musst du nachsehen, wann Fußball im Belegungsplan steht.*

In der Schule kann montags und donnerstags Fußball gespielt werden.

5.10 Sind die Aussagen richtig oder falsch?
Kreuze an.

Hinweis: *Zu Aussage 1: Die Trampolin-AG der Schule heißt „Springmäuse"; die Tanz-AG hat keinen Namen. Zu Aussage 2: Die Basketball-AG für Anfänger findet montags statt, die für Fortgeschrittene findet mittwochs statt. Zu Aussage 3: Diese Antwort stimmt. Die Klasse 1 a hat montags und donnerstags Sport. Zu Aussage 4: Diese Antwort stimmt nicht. Siehe in der Mitte des Blattes: „Während der Mittagszeit bleibt die Turnhalle geschlossen!" Zu Aussage 5: Die Antwort stimmt: „Die letzte Gruppe am Tag muss den Schlüssel zurück zum Hausmeister bringen!" (siehe vorletzter Satz).*

	richtig	falsch
Die Tanz-AG der Schule heißt „Springmäuse".	☐	☒
Die Basketball-AG für Fortgeschrittene findet montags statt.	☐	☒
Lina aus der Klasse 1 a braucht montags und donnerstags ihre Turnsachen.	☒	☐
In der Mittagszeit dürfen die Kinder in der Turnhalle spielen.	☐	☒
Die letzte Gruppe am Nachmittag muss den Turnhallenschlüssel zum Hausmeister bringen.	☒	☐

Text 6

6.1 Vermute, in welche Klasse Klara geht. Kreuze an.

Hinweis: *Klara kennt seit 3 Wochen alle Buchstaben und hat gerade lesen gelernt, daher geht sie vermutlich in die 1. oder 2. Klasse. Siehe Zeilen 6 bis 8.*

- ☐ Klara geht noch nicht in die Schule.
- ☒ Klara geht in die 1. oder 2. Klasse.
- ☐ Klara geht in die 3. oder 4. Klasse.
- ☐ Klara geht schon auf die weiterführende Schule.

6.2 Welche Aussagen sind richtig, welche sind falsch? Kreuze an.

Hinweis: *Die erste Aussage stimmt nicht: Nicht alle aus der Familie außer Klara bekommen Briefe, denn ihr Bruder bekommt auch keine Briefe (Zeile 4). Die zweite Aussage stimmt nicht, weil die Mutter keine Zeitung bekommen hat (Zeilen 2/3). Die dritte Aussage stimmt (Zeile 3). Die vierte Aussage stimmt ebenfalls. In Zeile 7 steht, dass Klara seit drei Wochen alle Buchstaben kennt, und in den Zeilen 14/15 steht, dass sie seit drei Wochen jeden Tag auf die Post wartet.*

	richtig	falsch
Alle aus der Familie bekommen an dem ersten Morgen im Text Briefe, nur Klara nicht.	☐	☒
Mama hat heute einen Brief und eine Zeitung bekommen.	☐	☒
Papa hat heute zwei Briefe und eine Zeitung bekommen.	☒	☐
Klara wartet auf die Post, seit sie alle Buchstaben kann.	☒	☐

6.3 Warum schreibt Klaras Bruder ihr keinen Brief? Kreuze an.

Hinweis: *In den Zeilen 16/17 sagt der Bruder über sich selbst, dass er noch nicht schreiben kann.*

- ☐ Er hat keine Lust, ihr einen Brief zu schreiben.
- ☒ Er kann noch nicht schreiben.
- ☐ Er weiß nicht, dass Klara einen Brief möchte.
- ☐ Er hat ihr schon einen Brief geschrieben.

6.4 Was erfährst du über Toni? Kreuze alle richtigen Antworten an.

Hinweis: *In den Zeilen 18/19 steht, dass Toni der Nachbar von Klara und ihrer Familie ist. Er möchte den Euro nicht zurückhaben, sondern fragt Klaras Bruder, ob dieser wieder einen Euro haben möchte (Zeilen 20/21). Toni kann nicht in Klaras Klasse sein, denn er ist Student (Zeile 19), aber er hilft Klaras Bruder, weil er für Klara einen Brief schreibt (Zeile 24).*

- [x] Toni ist Klaras Nachbar.
- [ ] Toni will den Euro von Klaras Bruder zurückhaben.
- [ ] Toni ist aus Klaras Klasse.
- [x] Toni hilft Klaras Bruder.

6.5 Als Klara sich ärgert, ist sie nicht sehr nett zu ihrem Bruder. An welcher Aussage von ihr sieht man das? Gib die Zeilen an.

Hinweis: *„Dich zähle ich gar nicht", zischte sie. „Du kannst sowieso nicht lesen. Das weiß doch jeder! Warum soll dir da jemand Briefe schreiben?* […]"

Zeilen **4 bis 6**

6.6 Verbinde so, dass passende Sätze entstehen.

Hinweis: *Hinweise zum ersten Satz stehen in den Zeilen 32/33. Der zweite Satz lässt sich aus Zeile 33 ablesen. Den dritten Satz kannst du aus den Zeilen 34/35 erschließen und Hinweise zum vierten Satz sind in den Zeilen 35/36 enthalten.*

Zunächst möchte Klara nicht, dass ihr Bruder den Brief sieht, denn …	… er ihr Bruder ist.
Nachdem Klaras Bruder sie aber darum bittet, willigt sie ein, weil …	… einen Brieföffner zu holen.
Klara macht es sich auf dem Bett bequem und …	… Briefe sind ein Geheimnis.
Sofort springt Klara wieder auf, um …	… ihr Bruder setzt sich neben sie.

6.7 Warum hat Toni Klara nicht schon früher einen Brief geschrieben? Begründe deine Antwort mit dem Text.

Hinweis: *Die Textstelle, in der Klaras Bruder Toni alles erzählt, findest du in den Zeilen 22/23. Den Inhalt des Briefes von Toni findest du in den Zeilen 40–43.*

Toni wusste nicht, dass Klara lesen und schreiben kann, aber vor allem wusste er nicht, dass sie sich einen Brief wünscht. Das erfährt man im Text im Brief von Toni an Klara und beim Treffen zwischen Klaras Bruder und Toni, bei dem der Bruder Toni „alles erzählt".

6.8 Welchen Tipp gibt hat Toni für Klara?

Hinweis: *Die erste Aussage stimmt nicht, denn Klara zeigt ihrem Bruder zwar, wie man Briefe mit einem Brieföffner öffnet (Zeilen 37/38), doch das steht nicht in Tonis Brief. Die zweite Aussage stimmt nicht. Zwar schreibt Toni Klara, dass sie ihren Großeltern sagen soll, dass sie nun lesen und schreiben kann, aber nicht, dass sie diese besuchen soll (Zeilen 43–45). Die dritte Aussage ist richtig (Zeilen 46/47). Die letzte Aussage ist falsch, weil Toni Klara nicht verrät, dass ihr Bruder bei ihm war.*

- ☐ Klara soll ihrem Bruder beibringen, wie man Briefe mit einem Brieföffner öffnet.
- ☐ Klara soll mal wieder ihre Großeltern besuchen, damit diese ihr Briefe schreiben.
- ☒ Klara soll selbst Briefe schreiben, wenn sie welche bekommen möchte.
- ☐ Klara soll sich bei ihrem Bruder bedanken, denn der war extra bei Toni, um ihm zu sagen, dass Klara schon lesen und schreiben kann.

6.9 Klara durchlebt an dem Tag viele Gefühle. Nummeriere sie in der richtigen Reihenfolge.

Hinweis: *Zuerst ist Klara ärgerlich, denn sie hat keine Briefe bekommen. Dann ist sie traurig, weil sie nicht daran glaubt, noch mal Briefe zu bekommen. Als sie doch einen Brief vorfindet, ist sie sehr gespannt darauf, und schließlich ist sie quietschvergnügt, als sie den Brief vorliest.*

[4] Klara ist quietschvergnügt.

[1] Klara ist verärgert.

[2] Klara ist traurig.

[3] Klara ist gespannt.

6.10 Schaue dir das Bild genau an. Welche Szene aus der Geschichte zeigt es? Beschreibe die Szene mit eigenen Worten in 3 bis 4 Sätzen.

Hinweis: *Wenn du dir das Ende der Geschichte noch mal durchliest (Zeilen 49–52), kannst du sehen, dass das Bild diesen Teil der Geschichte beschreibt. Ihr Bruder hat sich noch neben Klara gesetzt. Das steht nicht im Text.*

Das Bild zeigt das Ende der Geschichte. Klara befolgt Tonis Rat. Sie beginnt Briefe zu schreiben, um selbst viele Briefe zu bekommen. Ihr Bruder sitzt neben ihr und schaut ihr dabei zu.

Text 7

7.1 Welche Personen spielen unter anderen in der Geschichte mit?

Hinweis: *Antwort 1: Die zwei Omas sind Noras Oma und Magdalena Meyer, ihre Enkelinnen sind Nora und Mona. Antwort 2: Magdalena und Frau Meyer sind die gleiche Person und Magdalenas Oma spielt nicht mit. Antwort 3: Ein Arzt kommt im Text nicht vor. Antwort 4: Im Text spielen Noras Eltern, aber nicht Monas Eltern mit.*

- [x] zwei Omas und ihre Enkelinnen
- [ ] Frau Meyer, Nora, Magdalena und ihre Oma
- [ ] ein Arzt, eine Pflegerin, Nora und ihre Oma
- [ ] zwei Omas, Mona und ihre Eltern

7.2 Warum soll Noras Oma in ein Altersheim ziehen?

Hinweis: *Antwort 4 ist richtig, siehe Zeilen 4 bis 6: „Alt war nur Omas Körper. Ihr Rücken war ganz krumm und das Treppensteigen machte ihr furchtbare Mühe."*

- [ ] Weil sie gerne Mensch ärgere dich nicht spielt.
- [ ] Weil ihr die Wohnung zu groß geworden ist.
- [ ] Weil sie Nora und ihre Eltern in der Nähe haben möchte.
- [x] Weil ihr das Leben in ihrer Wohnung körperlich schwergefallen ist.

7.3 Welche Aussagen sind richtig, welche sind falsch? Kreuze an.

Hinweis: *Antwort 1: Noras Oma wohnt in Apartment 33 (siehe Zeile 10). Antwort 2: „Wenn sie lachte, sah sie aus wie ein junges Mädchen" (siehe Zeilen 3/4), aber Noras Oma ist kein junges Mädchen mehr. Antwort 3: Der Rosenhof sieht von außen aus wie ein Hotel (siehe Zeilen 7/8), ist aber keines. Antwort 4: Diese Antwort ist richtig (siehe Zeilen 11 und 13/14).*

	richtig	falsch
Noras Oma wohnt in Apartment 32.	☐	☒
Noras Oma ist ein junges Mädchen.	☐	☒
Der Rosenhof ist auch ein Hotel.	☐	☒
Omas Apartment liegt im dritten Stock und hat einen Balkon.	☒	☐

7.4 Woran merkt man, dass der Umzug Noras Oma sehr schwerfällt?

Hinweis: *Siehe Zeile 14: „Oma stand nur da und seufzte." Und Zeile 15: „(…) als Oma zum zehnten Mal seufzte (…)."*

Man merkt es daran, dass Noras Oma nichts sagt und ständig seufzt.

7.5 Was wird über Omas neues Zuhause gesagt?
Unterstreiche alle Sätze, die darüber Auskunft geben.

Hinweis: *Die Sätze, die du unterstreichen musst, findest du in den Zeilen 7 bis 11 und 13/14.*

Das Altersheim lag am Rand der Stadt. Es hieß Rosenhof und sah von außen aus wie ein Hotel. Es hatte eine große Empfangshalle, ein Gartencafé und Aufzüge, die zu den Apartments führten. So hießen die Wohnungen im Rosenhof. Omas Apartment hatte die Nummer 33 und lag im dritten Stock.
„Schau mal, du hast sogar einen kleinen Balkon."

7.6 Warum geht es Noras Oma am Ende der Geschichte wieder besser, sodass sie sogar lachen muss?

Hinweis: *Siehe Zeilen 22 bis 34.*

☐ Sie findet das Mädchen mit den roten Haaren so lustig.
☐ Die Sonne scheint und da geht es Oma immer gut.

- [ ] Weil sie ins Café gehen und ein Eis essen wollen.
- [x] Weil sie ihre neue Nachbarin kennengelernt hat und nun merkt, dass es im Altersheim nette Leute gibt.

7.7 Wer sagt das?

Hinweis: *Antwort 1: siehe Zeile 28. Antwort 2: siehe Zeile 16. Antwort 3: siehe Zeile 34. Antwort 4: siehe Zeile 12.*

	Mama	Papa	Oma	Frau Meyer	Nora
„Hier sind noch zwei Plätze frei!“	☐	☐	☐	☒	☐
„Warum geht ihr zwei nicht in den Rosengarten?“	☐	☒	☐	☐	☐
„Zufällig doch.“	☐	☐	☒	☐	☐
„Ist doch hübsch hier, findest du nicht?“	☒	☐	☐	☐	☐

7.8 Die Reihenfolge ist durcheinandergeraten.
Nummeriere die Sätze in der richtigen Reihenfolge.

Hinweis: *Du findest die Sätze in den Zeilen 1, 14, 20/21 und 26.*

[4] Das Schimpfen war von der älteren Dame gekommen.

[1] An einem sonnigen Freitag im Mai zog Noras Oma um.

[3] Die Sonne schien und alle Tische waren besetzt.

[2] Oma stand nur da und seufzte.

7.9 Warum heißt der Text „Mensch ärgere dich nicht“?

Hinweis: *Die Antwort auf diese Frage findest du nicht im Text. Du musst dir selbst überlegen, welche zwei Gründe es haben kann, dass der Text so heißt.*

1. **Weil Noras Oma sich nicht ärgern soll, dass sie in ein Altersheim muss.**
2. **Weil Mona und ihre Oma „Mensch ärgere dich nicht“ spielen und Noras Oma dadurch merkt, dass das Leben im Altersheim doch nicht so schlecht ist.**

7.10 Wer hilft Noras Oma, damit ihr der Umzug nicht so schwerfällt? Kreuze alle richtigen Antworten an.

Hinweis: *Antwort 4 ist falsch. Erstens steht im Text nicht, dass Mona sich mit Nora anfreundet, und selbst wenn das geschieht, hilft das Noras Oma nicht, dass ihr der Umzug leichter fällt. Alle anderen Antworten sind richtig.*

- [x] Mama und Papa, weil sie die Umzugskisten auspacken.
- [x] Nora, weil sie sich um Oma kümmert.
- [x] Frau Meyer, weil Noras Oma durch sie neuen Mut fasst.
- [ ] Mona, weil sie sich mit Nora anfreundet.

Text 8

8.1 Wieso half „Kommissar Zufall" bei der Fahndung nach dem unfallflüchtigen Lkw-Fahrer?

Hinweis: *Siehe Zeilen 33 bis 40: „Dieser Werbeaufdruck sorgte schließlich dafür, dass Schulze und seine Kollegen vor einigen Tagen per Zufall auf eine neue Spur gebracht wurden. Der Hauptkommissar erkannte die Merkmale auf einem Lkw, der bei seinem Blick aus dem Fenster gerade die Untere Rolandstraße passierte."*

- [ ] Der Name des Kommissars lautet Zufall.
- [ ] Der Name der Spedition lautet Zufall.
- [x] Der Kommissar hat zufällig den unfallflüchtigen Lkw entdeckt.
- [ ] Der Unfall fand zufällig auf der Hüttentalstraße statt.

8.2 Welche der Angaben ist falsch?

Hinweis: *Antwort 1: siehe Zeile 50. Antwort 2: siehe Zeilen 16/17. Antwort 3: siehe Zeile 21. Antwort 4: Der Unfall geschah am 21. April (siehe Zeile 15), den Lkw entdeckte der Kommissar erst später.*

- [ ] Der Unfallfahrer ist ein 70-jähriger Mann.
- [ ] Der Metallring ist 25 Kilo schwer.
- [ ] Einer der Geschädigten ist 24 Jahre alt.
- [x] Der Kommissar entdeckte den Lkw am 21. April.

8.3 Wieso hat der Lkw-Fahrer einen „doppelten Unfall“ verursacht?

Hinweis: *Siehe Zeilen 19/20: „die Fahrzeuge der beiden Geschädigten“.*

- [x] Weil der Metallring zwei Autos beschädigt hat.
- [ ] Weil der Sattelzug ebenfalls beschädigt wurde.
- [ ] Weil die Polizei noch weiter ermittelt.
- [ ] Weil der Lkw-Fahrer erst den Unfall verschuldet hat und dann geflüchtet ist.

8.4 Woran konnte der Hauptkommissar den Lkw wiedererkennen?

Hinweis: *Siehe Zeilen 31 bis 33: „Insbesondere der Anhänger wies einige auffällige Merkmale, u. a. einen Werbeaufdruck, auf.“*

An einigen auffälligen Merkmalen, zum Beispiel einem Werbeaufdruck.

8.5 Welche Aussagen sind richtig, welche falsch?

Hinweis: *Antwort 1: Das ist falsch, denn der Hauptkommissar hat den Lkw wiedererkannt (siehe Zeilen 37 bis 40), nicht der 24-jährige Autofahrer. Antwort 2: Es befindet sich nicht die Spedition in der Hüttentalstraße, sondern der Unfall ereignete sich dort (siehe Zeilen 4/5). Antwort 3 ist richtig: „Die Beamten holten sich sogar Hilfe der Kollegen aus dem Ruhrgebiet“ (siehe Zeilen 6 bis 8). Antwort 4 ist ebenfalls richtig: „Der 25 Kilo schwere Metallring war mit der Wucht eines tödlichen Geschosses über die Mittelleitplanke gesprungen und hatte die Fahrzeuge der beiden Geschädigten erheblich demoliert“ (siehe Zeilen 16 bis 20).*

	richtig	falsch
Der 24-jährige Autofahrer erkannte den Lkw wieder.	☐	☒
Die Spedition befindet sich in der Hüttentalstraße.	☐	☒
Die Polizei holte sich Hilfe aus dem Ruhrgebiet.	☒	☐
Ein 25 Kilo schwerer Metallring beschädigte die Fahrzeuge.	☒	☐

8.6 Warum hatte der Sattelzug die Metallringe dabei?

Hinweis: Siehe Zeilen 43 bis 46: „Das Unternehmen bestätigte sogleich, dass man entsprechende Stahlringe zur Transportsicherung verwende."

- [ ] Die Metallringe befinden sich an den großen Reifen der Sattelzüge und dienen der Stabilität der Reifen.
- [ ] Die Metallringe wurden von der Spedition an eine Firma in Hessen geliefert.
- [x] Mithilfe der Metallringe wird die Ware gesichert.
- [ ] Die Metallringe wurden von der Spedition nach Siegen transportiert.

8.7 Wann entdeckte der Hauptkommissar den Lkw beim Blick aus dem Fenster?

Hinweis: Der Zeitungsausschnitt stammt aus der Siegener Zeitung vom 26. Juni (siehe Quellenangabe) und im Text steht der Hinweis, dass der Kommissar „vor einigen Tagen" auf eine neue Spur gebracht wurde (siehe Zeilen 9/10).

- [ ] am 21. April
- [ ] Mitte April
- [ ] am 26. Juni
- [x] einige Tage vor dem 26. Juni

8.8 Unterstreiche die Textstelle, die Auskunft darüber gibt, ob sich die Unfallgeschädigten bei dem Unfall verletzt haben.

Hinweis: Du findest die Stelle in den Zeilen 21/22.

<u>Der 38-Jährige und der 24-Jährige kamen mit dem Schrecken davon.</u>

8.9 Das Büro des Hauptkommissars befindet sich in der Unteren Rolandstraße. Welche Zeilen im Text belegen das?

Hinweis: Hauptkommissar Gerhard Schulze schaute „aus dem Fenster <u>seines Büros</u>" (siehe Zeilen 10/11). „Der Hauptkommissar erkannte die Merkmale auf einem Lkw, der <u>bei seinem Blick aus dem Fenster</u> gerade die <u>Untere Rolandstraße</u> passierte" (siehe Zeilen 39/40).

Zeilen **10/11 und 39/40**

8.10 Der Unfallfahrer erklärte bei der Polizei, dass er nicht mitbekommen habe, dass er den Unfall verursacht hat. Die Polizei ermittelt trotzdem weiter.
Warum glaubt sie dem Unfallfahrer nicht?

Hinweis: *Antwort 1 ist richtig: „Der Lkw-Fahrer war noch ausgestiegen, entfernte sich aber danach vom Unfallort (…)" (siehe Zeile 22 bis 24). Wenn der Fahrer ausgestiegen ist, hat er den Unfall auf jeden Fall mitbekommen, und es ist wahrscheinlich, dass er auch gemerkt hat, dass er beteiligt ist. Dass der Unfallfahrer schon 70 Jahre alt ist und nicht mehr bei der Spedition arbeitet, ist zwar richtig, hat aber nichts mit seiner Glaubwürdigkeit zu tun. Auch dass die Spedition bestätigte, dass der Fahrer auf der Hüttentalstraße war, hat der Fahrer nicht bestritten, das hat also auch nichts mit seiner Glaubwürdigkeit zu tun.*

- ☒ Weil der Unfallfahrer nach dem Unfall zuerst ausgestiegen und danach wieder weitergefahren ist.
- ☐ Weil er schon 70 Jahre alt ist.
- ☐ Weil er nicht mehr bei der Spedition arbeitet.
- ☐ Weil die Spedition bestätigte, dass er auf der Hüttentalstraße war.

Text 9

9.1 Wer wohnt mit Trenk in einem Haus?
Kreuze die richtige Antwort an.

Hinweis: *Die letzte Antwort ist richtig: Die zwei Tiere sind eine Ziege und ein Ferkel und seine Familie die Schwester Mia-Mina, die Mutter Martha und der Vater Haug. Siehe Zeilen 10 bis 13: „(…) (wo) sein Vater Haug und seine Mutter Martha und seine kleine Schwester Mia-Mina und natürlich auch Trenk alle zusammen mit ihrer mageren Ziege und einem Ferkel in einem einzigen winzigen Raum auf dem Lehmboden schliefen."*

- ☐ seine zwei Geschwister und seine Eltern
- ☐ zwei Tiere und seine Schwester Martha
- ☐ Vater, Mutter und Schwester sowie ein Schaf und ein Ferkel
- ☒ seine Familie und zwei Tiere

9.2 Wem gehören das Feld und die Tiere, um die sich Trenk und seine Familie kümmern?

Hinweis: *Siehe Zeilen 18 bis 22: „In der Zeit, von der ich erzählen will, gehörten den Bauern nämlich das Land, das sie bebauten, und die Kühe, die sie molken, und die Schweine, die sie schlachteten, kein bisschen; auch nicht* *die Katen, in denen sie wohnten, und nicht einmal sie selbst und ihre Frauen und ihre Kinder." Und Zeilen 24/25: „All das gehörte dem Ritter, der in seiner großen, stolzen Burg hoch über dem Tal wohnte (...)."*

Das Feld und die Tiere der leibeigenen Bauern in der damaligen Zeit, also auch die von Trenk und seiner Familie, gehörten einem Ritter.

9.3 Was meint Mia-Mina mit dem Spruch „Leibeigen geboren, leibeigen gestorben, leibeigen ein Leben lang"? Kreuze die richtige Antwort an.

Hinweis: *Mia-Mina antwortet mit dem Spruch, nachdem Trenk ihr gesagt hat, dass er kein Bauer werden wird. Sie will ihm damit sagen, dass er daran nichts ändern kann. Siehe Zeilen 48 bis 50: „‚Dass ich Bauer werde und mich vom Herrn Ritter verprügeln lasse, das werdet ihr niemals erleben!' ‚Was willst du denn wohl sonst machen?', fragte Mia-Mina (...)."*

- [x] Wenn man als Bauernkind geboren ist, muss man sich seinem Schicksal fügen und kann nichts daran ändern.
- [ ] Der kleine Trenk heißt mit Nachnamen Leibeigen.
- [ ] Trenk und seine Familie sind eigens dafür geboren worden, Bauern zu werden.
- [ ] Als Leibeigener gehört man sich selbst.

9.4 Wie lebten leibeigene Bauern damals? Kreuze alle richtigen Antworten an.

Hinweis: *Antwort 1 ist richtig, denn siehe Zeilen 8 bis 10: „(...) denn geboren wurde er in einer winzigen kleinen Bauernkate, in der die Regentropfen durch das undichte Strohdach fielen und der Qualm vom offenen Feuer die Luft verpestete (...)." Antwort 3 musst du ebenfalls ankreuzen, das kannst du in den Zeilen 28 bis 32 nachlesen: „(...) und wenn er (der Ritter) ihnen Nachricht schickte, dass sie jetzt mal ein bisschen auf seinen Feldern arbeiten (...) oder ihm einen neuen Brunnen graben (sollten) (...), dann mussten sie ihre armseligen Hacken hinschmeißen und ihre Arbeit liegen lassen und rennen."*

- [x] Sie lebten in ärmlichen Bauernhäusern.
- [ ] Sie arbeiteten auf den Feldern und verkauften dem Ritter ihre Ernte.

☒ Wenn der Ritter ihnen eine Arbeit auftrug, mussten sie diese sofort erledigen.

☐ Alles auf dem Bauernhof gehörte dem Ritter, außer sie selbst, ihre Frauen und ihre Kinder.

9.5 Was steht im Text? Kreuze an.

Hinweis: *Aussage 1 ist falsch, denn im Text steht, dass es damals noch keine Traktoren gab, siehe Zeilen 15/16: „(…) auch wenn es damals natürlich noch keine Traktoren und keine großen Mähdrescher gab (…).“ Aussage 2 ist richtig, denn siehe Zeilen 38 bis 41: „(…) dass die Jungs und die Mädchen, wenn sie ihren Eltern auf den Feldern halfen (…) oder was die Kinder damals sonst noch so alles erledigen mussten (…).“ Aussage 3 ist falsch, denn die Ziege ist Mia-Mina im Dorf davongelaufen, nicht im Wald, siehe Zeilen 55 bis 57: „(…) dass ihr der Ziegenstrick durch die Hand rutschte und sie die Ziege zu zweit fast eine Viertelstunde durch das Dorf jagen mussten.“ Aussage 4 ist ebenfalls falsch, denn im Text steht nur ein Beispiel dafür, was ein Ritter seinen Bauern befehlen kann, und nicht, dass Trenks Vater das tun musste. Siehe Zeilen 28 bis 30: „(…) und wenn er ihnen Nachricht schickte, dass sie (…) ihm einen neuen Brunnen graben (sollten) (…).“*

	richtig	falsch
Trenks Vater hat einen Traktor für die Feldarbeit.	☐	☒
Die Kinder müssen bei der Arbeit auf dem Bauernhof helfen.	☒	☐
Mia-Mina ist die kleine Ziege im Wald davongelaufen.	☐	☒
Trenks Vater muss einen Brunnen für den Ritter bauen.	☐	☒

9.6 Wie kommt Trenk auf die Idee, selbst ein Ritter zu werden?

Hinweis: *Siehe die Zeilen 43 bis 54: „‚Das werdet ihr niemals erleben, wenn ich erwachsen bin!‘, sagte Trenk, (…). ‚Dass ich Bauer werde und mich vom Herrn Ritter verprügeln lasse, das werdet ihr niemals erleben!‘ ‚Was willst du denn sonst wohl machen?‘, fragte Mia-Mina (…) Aber Trenk fand nicht, dass er sich damit abfinden musste. ‚Dann werde ich einfach selbst ein Ritter!‘, sagte er entschlossen.“*

Trenk sieht, wie schlecht es seiner Familie und den anderen leibeigenen Bauern geht. Daher beschließt er, selbst nicht Bauer zu werden und sich vom Ritter verprügeln zu lassen.

Seine einzige Möglichkeit, dem zu entkommen, sieht er darin, selbst Ritter zu werden.

9.7 Finde alle Adjektive (Wiewörter) aus dem Text, die Trenk beschreiben, und schreibe die Zeilen dazu, in denen du sie gefunden hast.

Hinweis: *Adjektive (Wiewörter) sind Wörter, die beschreiben, wie jemand oder etwas ist. Am besten du liest den Text noch einmal durch und markierst dir dabei alle Adjektive, die Trenk beschreiben. Zum Schluss schreibst du sie dann alle zusammen mit der richtigen Zeile auf.*

klein (Zeile 1), tapfer (Zeile 2), schlau (Zeile 2), nett (Zeile 2), berühmt (Zeile 3), groß (Zeile 7), stolz (Zeile 7), entschlossen (Zeile 54)

9.8 Wieso erledigen die Bauern die Arbeiten, die ihnen der Ritter befohlen hat, zuerst, auch wenn ihre eigene Arbeit am Hof liegen bleibt? Kreuze die richtige Antwort an.

Hinweis: *Siehe Zeilen 35/36: „Wenn ein Bauer nicht tat, was sein Grundherr von ihm wollte, ließ der ihn einfach auspeitschen, schließlich gehörte der Bauer ja ihm."*

- ☐ Bauern und Ritter helfen sich immer gegenseitig, da müssen die eigenen Arbeiten schon mal warten.
- ☒ Die Bauern haben Angst, dass sie sonst ausgepeitscht werden.
- ☐ Die Felder der Ritter sind sehr viel wertvoller und müssen daher zuerst bearbeitet werden.
- ☐ Da sowieso alles den Rittern gehört, ist es egal, welche Arbeiten zuerst erledigt werden.

9.9 Die Geschichte von Trenk beginnt hier erst. Glaubst du, dass Trenk sein Vorhaben umsetzen kann und tatsächlich ein Ritter wird? Begründe mithilfe des Textes.

Hinweis: *„Begründe mithilfe des Textes" bedeutet, dass du deine Antwort mit Inhalten oder Wörtern aus dem Text belegen sollst. Die Belege findest du in den Zeilen 6/7 und 53 bis 59.*

Ich glaube, dass Trenk wirklich ein Ritter werden wird, denn am Anfang der Geschichte heißt es: „Als Trenk geboren wur-

de, hätte niemand geglaubt, dass er einmal so ein großer und stolzer Ritter werden würde." Und am Ende, nachdem Trenk selbst gesagt hat, dass er Ritter werden wird, heißt es, dass es später „haargenauso gekommen" ist.

9.10 Was ist eine Kate?
Kreuze die richtige Antwort an.

Hinweis: *Siehe Zeilen 7 bis 9: „(...) denn geboren wurde er in einer winzigen kleinen Bauernkate, in der die Regentropfen durch das undichte Strohdach fielen (...)." Daraus kannst du dir, wenn du das Wort „Kate" nicht kennst, erschließen, dass es sich um eine Bauernhütte handeln muss.*

- ☐ ein Gerät, mit dem man früher die Felder gepflügt hat
- ☐ ein Stall für die Tiere
- ☐ ein Kamin mit offenem Feuer
- ☒ eine Bauernhütte

Text 10

10.1 Was steht im Text? Kreuze an.

Hinweis: *Aussage 1 ist falsch, denn im Text steht: „Nahrungsmittel aus anderen Regionen herbeizuschaffen, war schwierig" (Zeilen 11 bis 13). Die anderen Aussagen sind richtig. Siehe Zeilen 7 bis 10: „Alles, was die Menschen aßen, erzeugten sie selbst, und nur eine gute Ernte brachte sie über den Winter, sonst mussten sie hungern." Und Zeilen 13/14: „(...) Hungersnöte brachen im Durchschnitt alle zehn Jahre aus."*

	richtig	falsch
Nahrungsmittel wurden oft aus anderen Regionen herbeigeschafft.	☐	☒
Die Menschen erzeugten ihre Nahrungsmittel selbst.	☒	☐
Bei einer schlechten Ernte mussten die Menschen hungern.	☒	☐
Durchschnittlich alle zehn Jahre brach eine Hungersnot aus.	☒	☐

10.2 Was haben die Bauern auf ihren Feldern geerntet?
Kreuze alle richtigen Antworten an.

Hinweis: *Siehe Zeilen 24 bis 26: „Als Getreide wurden Weizen und Roggen, im Norden auch Hafer und Gerste angebaut. Auch Bohnen und Erbsen wurden geerntet."*

- [x] Weizen und Roggen
- [x] Hafer und Gerste
- [x] Bohnen und Erbsen
- [ ] Mais und Reis

10.3 Welche Techniken haben die Menschen im Mittelalter genutzt, um mit der Natur fertig zu werden?

Hinweis: *Siehe Zeilen 30 bis 37: „Die Menschen des Mittelalters benutzten Maschinen und entwickelten neue Techniken, um die Kräfte der Natur zu bändigen. In den meisten Dörfern gab es eine Getreidemühle und auch Wassermühlen und Windmühlen kannte man schon. Pflüge, mit denen man die Felder bearbeitete, (…). Ein großer Fortschritt war die Erfindung des Streichblechs (…)."*

Die Menschen nutzten Getreide-, Wasser und Windmühlen. Für die Feldarbeit nutzten sie den Pflug und das neu erfundene Streichblech.

10.4 Was aßen die Menschen im Mittelalter?
Kreuze die richtige Antwort an.

Hinweis: *Die erste Aussage ist falsch, denn Hauptnahrungsmittel damals war zwar Brot, aber kein Weizenbrot. Siehe Zeilen 39/40: „Aus Weizen hergestelltes Weißbrot war selten und oft ein Zeichen für einen hohen gesellschaftlichen Rang." Die zweite Aussage ist ebenfalls falsch, siehe Zeile 41: „Die Leute aßen nur wenig Gemüse und kaum Obst (…)" Die mit Kräutern gewürzte Suppe aßen die armen Menschen, nicht die reichen. Siehe Zeilen 44 bis 48: „Da nur wenige Feldfrüchte angebaut wurden, war die Ernährung besonders der armen Menschen sehr einseitig. Neben Brot verzehrten sie vor allem eine mit Knochen und Kräutern gewürzte Suppe." Die dritte Aussage darfst du also auch nicht ankreuzen. Nur die letzte Aussage ist richtig, siehe Zeile 51: „(…) und backten notfalls auch Brot aus Eicheln."*

- [ ] Das Hauptnahrungsmittel war aus Weizen hergestelltes Weißbrot.
- [ ] Da Fleisch sehr teuer war, aßen die Menschen vor allem viel Obst und Gemüse, das sie selbst anbauten.

- [ ] Reiche Menschen aßen gern mit herzhaften Kräutern zubereitete Suppen.
- [x] Arme Menschen backten ihr Brot auch schon mal aus Eicheln, wenn sie kein Getreide hatten.

10.5 Fleisch war im Mittelalter sehr kostbar. Wieso sind die armen Menschen nicht einfach auf die Jagd gegangen?

Hinweis: *Siehe Zeilen 59/60: „(…), denn Grundbesitzer durften, anders als arme Menschen, auf die Jagd gehen."*

Die armen Menschen gingen nicht auf die Jagd, weil ihnen das verboten war.

10.6 Auf großen Festen wurde immer gut und reichlich gegessen und …

Hinweis: *Die erste Aussage ist falsch, denn der Grundherr lud nicht alle Menschen des Dorfes, sondern nur Ritter und Gutsherren mit ihren Damen ein (siehe Zeilen 62/63). Die zweite Aussage ist ebenfalls falsch, denn im Text steht zwar, dass Sänger, Gaukler und Akrobaten die Gäste unterhielten, aber nicht, dass es bis zu 300 waren (siehe Zeilen 64/65.) Die dritte Aussage darfst du auch nicht ankreuzen, denn es gab zwar raffinierte Speisen, aber keine Brennnesselsuppe (siehe Zeilen 67/68). Nur die letzte Antwort ist richtig, siehe Zeilen 61 bis 63: „Festlichkeiten waren immer ein Anlass für gutes und reichliches Essen. An kirchlichen Feiertagen lud der Grundherr seine Ritter und Gutsherrn mit ihren Damen in seine Burg ein." Diese Antwort musst du also ankreuzen.*

- [ ] der Grundherr lud alle Menschen des Dorfes in seine Burg ein.
- [ ] bis zu 300 Sänger, Gaukler und Akrobaten unterhielten die Gäste.
- [ ] es gab so raffinierte Speisen wie Brennnesselsuppe.
- [x] sie fanden meistens an kirchlichen Feiertagen statt.

10.7 Welche Tiere wurden von den Menschen im Mittelalter gehalten? Schreibe alle auf, die im Text stehen.

Hinweis: *Siehe Zeilen 34/35: „Pflüge, mit denen man die Felder bearbeitete, wurden von Ochsen oder Pferden gezogen." Und in den Zeilen 54 bis 57 heißt es: „Aber Schweine waren leicht zu halten (…). Am häufigsten waren Schafe, (…). Auch Rinder und Hühner wurden gehalten (…)." (Hühner, Schweine und Kühe werden auch schon in den Zeilen 5/6 erwähnt.)*

Die Menschen im Mittelalter hielten sich Ochsen, Pferde, Schweine, Schafe, Rinder und Hühner.

10.8 Wieso wurden Schafe besonders oft gehalten?

Hinweis: *Siehe Zeilen 55/56: „Am häufigsten waren Schafe, die sowohl Wolle als auch Fleisch lieferten."*

- [x] Weil sie neben ihrem Fleisch auch wertvolle Wolle lieferten.
- [ ] Weil sie sich ihre Nahrung im Wald selbst suchten.
- [ ] Weil auch Menschen in der Stadt sie problemlos halten konnten.
- [ ] Weil auf den Höfen genug Platz für Schafe war.

10.9 Welche der Unterüberschriften aus dem Text ließe sich durch „Nahrungsmittel" ersetzen? Kreise ein.

Hinweis: *Lies dir den Abschnitt noch einmal durch, dann merkst du schnell, dass „Ernährung" als Überschrift auch passt.*

Tiere (Ernährung) Feierlichkeiten Technik Ackerbau

10.10 Die Ernährung der Menschen damals und heute unterscheidet sich in vielen Punkten. Oder nicht?
Kreuze alle richtigen Antworten an.

Hinweis: *Nur die dritte Behauptung ist falsch, denn die meisten Menschen erzeugen heute ihre Nahrungsmittel nicht selbst, sondern kaufen sie in Lebensmittelläden ein. Die restlichen Behauptungen sind richtig und müssen angekreuzt werden (siehe Zeilen 49/50, 41/42 und 42/43). Die Informationen über die Menschen heute stehen nicht im Text, sie werden als Hintergrundwissen vorausgesetzt.*

- [x] Damals aßen arme Menschen Nüsse und Waldfrüchte, weil sie sie im Wald umsonst sammelten. Heute muss man sie teuer im Supermarkt kaufen, wenn man sie essen möchte.
- [x] Damals hielten die Menschen grünes Gemüse für gefährlich. Heute wissen wir, dass Gemüse sehr gesund ist.
- [ ] Damals erzeugten die Menschen ihre Nahrungsmittel selbst. Das ist auch heute noch so.
- [x] Damals gehörte die Butter im Norden zu den Grundnahrungsmitteln. Heute ist das überall der Fall.

Zweiter Kompetenzbereich: Sprache und Sprachgebrauch untersuchen

1. a) Das Gedicht oben ist noch nicht zu Ende.
Wie könnte es weitergehen?

Hinweis: *Nur die dritte Antwort kann richtig sein, denn man kann im Gedicht vorher erkennen, dass sich das letzte Wort der jeweils zweiten Zeile mit dem letzten Wort der jeweils vorherigen Zeile reimt – und auf Baum reimt sich Flaum.*

- [ ] mit Ästen, Blättern, Blüten, …
- [ ] und träumt von der Amsel, …
- [X] und trägt ein Nest aus weichem Flaum, …
- [ ] der Amsel will er danken, …

b) Unterstreiche alle Nomen (Namenwörter) im Gedicht.

Hinweis: *Nomen (Namenwörter) benennen Menschen, Tiere oder Dinge. Du schreibst sie immer groß und du kannst einen Artikel (Begleiter) davorsetzen. Beispiel: der Baum*
Schon schwieriger ist hier, dass du auch das Nomen „Mitleid" erkennen und unterstreichen musst. „Mitleid" ist ein abstraktes Nomen, weil du es nicht anfassen kannst. Auch abstrakte Nomen haben einen Artikel und werden großgeschrieben.
Beispiele: die Freude, die Freundschaft

Das Samenkorn

Ein Samenkorn lag auf dem Rücken,
die Amsel wollte es zerpicken.

Aus Mitleid hat sie es verschont
und wurde dafür reich belohnt.

Das Korn, das auf der Erde lag,
das wuchs und wuchs von Tag zu Tag.

Jetzt ist es schon ein hoher Baum
…

c) Hier findest du zwei weitere Zeilen des Gedichts,
aber die Wortgrenzen sind nicht eingetragen.
Trenne die einzelnen Wörter durch Striche ab.

Hinweis: *Sprich die Wörter beim Lesen leise vor dich hin, dann kannst du die Wortgrenzen besser bestimmen.*

DIE | AMSEL | HAT | DAS | NEST | ERBAUT, |
DORT | SITZT | SIE | NUN | UND | ZWITSCHERT | LAUT.

d) Im Gedicht steht das Wort „wuchs“.
Schreibe auf die Linie, wie die Grundform dieses Verbs (Tunworts) heißt, und kreise die Wörter ein, die zum gleichen Wortfeld gehören.

Hinweis: *Verben (Tunwörter) stehen im Infinitiv (Grundform) oder in verschiedenen Personal- und Zeitformen.*
Beispiel:
Infinitiv: geben
2. Person Singular (Einzahl) im Perfekt (2. Vergangenheit): du hast gegeben
Ein Wortfeld umfasst Wörter, die ein bestimmtes Wort genauer oder ähnlich ausdrücken.
Beispiel:
Wortfeld „gehen“: trotten, schlendern, schlurfen

wachsen

(sprießen) (zunehmen) warten (keimen) Blume

2. Bilde zu jedem Nomen (Namenwort) den Plural (Mehrzahl) mit Artikel (Begleiter).
Schreibe auch im Singular (Einzahl) jeweils den Artikel dazu.

Hinweis: *Nomen (Namenwörter) können im Singular (Einzahl) oder im Plural (Mehrzahl) stehen. Wenn du den Plural bildest, verändert sich häufig die Endung der Nomen, zum Beispiel „die Katze“ – „die Katze<u>n</u>“. Manchmal ändert sich auch ein Buchstabe in der Mitte des Wortes; aus einem „a“ wird beispielsweise ein „ä“, zum Beispiel „der Wald“ – „die W<u>ä</u>lder“. Es gibt aber auch Nomen, die im Singular und im Plural gleich sind, zum Beispiel „das Mädchen“ – „die Mädchen“. Nomen im Plural haben immer den Artikel (Begleiter) „die“.*

Singular	Plural
das Korn	**die Körner**
der Rücken	**die Rücken**
die Amsel	**die Amseln**
der Baum	**die Bäume**
der Tag	**die Tage**

3. Fülle die Tabelle fertig aus.

Hinweis: *Adjektive (Wiewörter) gibt es in der Grundform und in zwei Steigerungsstufen (Komparativ und Superlativ). Mithilfe der Steigerungsstufen kannst du etwas vergleichen.*
Beispiel:
Grundform: Komparativ (1. Steigerung): Superlativ (2. Steigerung):
Max ist groß. Max ist größer als Thomas. Max ist am größten.
Das Adjektiv „hoch" wird unregelmäßig gesteigert. Diese Steigerungsformen musst du dir gut merken.

Grundform	Komparativ (1. Steigerung)	Superlativ (2. Steigerung)
hoch	**höher**	**am höchsten**
reich	reicher	**am reichsten**
laut	**lauter**	am lautesten

4. Oma ist schon sehr alt und krank, möchte aber nicht in ein Altersheim ziehen. Mama sagt zu Peter: „Einen alten Baum verpflanzt man nicht." Peter antwortet: „Aber es gibt dort doch einen schönen, großen Garten."
Was hat die Mutter mit der Redewendung eigentlich gemeint?

Hinweis: *Wie Bäume sind auch Menschen, die lange an einem Ort gewohnt haben, dort „verwurzelt". Werden sie „entwurzelt", fällt ihnen das oft sehr, sehr schwer. Um das deutlich zu machen, nutzt man die Redewendung „Einen alten Baum verpflanzt man nicht".*

- ☐ Der Baum wird in dem neuen Garten nicht anwachsen.
- ☐ Im Altersheim sind keine Bäume erlaubt.
- ☒ Alte Menschen sollten nicht umziehen müssen.
- ☐ Oma ist schon zu alt für Gartenarbeit.

5. Schreibe das Gegenteil auf.

Hinweis: *Die meisten Adjektive (Wiewörter) haben ein Gegenteil. Manche Adjektive können in einer anderen Bedeutung auch verschiedene Gegenteile haben, zum Beispiel „alt" – „jung" oder „neu". Außerdem gibt es Adjektive, die in der gleichen Bedeutung verschiedene Gegenteile haben, zum Beispiel „dick" – „dünn" oder „schlank".*

reich – **arm**
hoch – **niedrig** *oder* **tief**
laut – **leise**
weich – **hart**

6. Im Text findest du zusammengesetzte Nomen (Namenwörter). Unterstreiche sie.

Hinweis: *Zusammengesetzte Nomen (Namenwörter) werden aus zwei oder mehr Nomen gebildet. Manchmal musst du ein „s" oder ein „n" einfügen, damit die Wörter zusammenpassen.*
Beispiel: die Liebe + das Paar = das Liebespaar.
Es kann aber auch vorkommen, dass du eines der Nomen kürzen musst, damit es passt.
Beispiel: die Schule + der Weg = der Schulweg

Mein Schulweg
Auf meinem Schulweg herrscht viel Verkehr und es gibt gefährliche Stellen und Straßenkreuzungen. Deshalb muss ich immer aufmerksam sein, wenn ich mich morgens und mittags auf den Weg mache. Damit ich keine Eile habe, gehe ich rechtzeitig los. Ich muss an einem Fußgängerüberweg und zwei Ampeln die Straße überqueren. Die Autos und Lastwagen sind sehr laut. Manchmal hupen sie auch. Doch es gibt auch schöne Stellen auf meinem Schulweg. Bei der Hälfte des Weges komme ich an einer Parkanlage vorbei. Dort hört man die Vögel zwitschern und manchmal sieht man niedliche Hasen über die Blumenwiese hoppeln.

7. Schreibe zu den Nomen (Namenwörtern) jeweils den passenden Oberbegriff auf.

Hinweis: *Ein Oberbegriff fasst mehrere Unterbegriffe zu einem übergeordneten Begriff zusammen.*
Beispiel:
Oberbegriff „Kleidung": Jacke, Hose, Mütze, Socken

a) Erle, Eiche, Lärche, Buche
Oberbegriff: **Bäume**

b) Taube, Amsel, Drossel, Star
Oberbegriff: **Vögel**

c) Arme, Beine, Rücken, Kopf
Oberbegriff: **Körperteile**

8. Schreibe zu jedem Wort ein passendes Nomen (Namenwort) mit dem richtigen Artikel (Begleiter).

Hinweis: *Aus Adjektiven (Wiewörtern) und Verben (Tunwörtern) kann man durch das Anhängen verschiedener Endungen an den Wortstamm, zum Beispiel „-tum", „-heit", „-nis", „-keit" oder „-ung", Nomen (Namenwörter) bilden.*

wachsen – **das Wachstum**
finster – **die Finsternis**
reich – **der Reichtum**
belohnen – **die Belohnung**

9. Unterstreiche die Adjektive (Wiewörter).

Hinweis: *Adjektive (Wiewörter) sagen dir, wie etwas ist. Die Wörter „überqueren" und „zwitschern" sind Verben (Tunwörter), daher darfst du sie hier nicht unterstreichen.*

gefährlich aufmerksam überqueren schön zwitschern niedlich

10. Bei den folgenden Wörtern fehlen die Endungen „-el", „-er" oder „-en". Schreibe jedes Wort ab und ergänze die richtige Endung.

Achtung:
Bei einem Wort sind zwei Endungen möglich. Schreibe beide auf.

Kreuzung-, Vög-, Blum-, hup-, Lastwag-, mein-, Fußgäng-

Hinweis: *Die Endungen findest du heraus, wenn du die Wörter mit den verschiedenen Endungen deutlich aussprichst und dir dann überlegst, ob es das Wort gibt.*

Kreuzung**en**, Vög**el**, Blum**en**, hup**en**, Lastwag**en**, mein**en**/mein**er**, Fußgäng**er**

11. Bilde zu jedem Nomen (Namenwort) den Plural (Mehrzahl) mit Artikel (Begleiter).
Schreibe auch im Singular (Einzahl) jeweils den Artikel dazu.

Hinweis: *Nomen (Namenwörter) können im Singular (Einzahl) oder im Plural (Mehrzahl) stehen. Wenn du den Plural bildest, verändert sich häufig die Endung der Nomen, zum Beispiel „die Katze" – „die Katzen". Manchmal ändert sich auch ein Buchstabe in der Mitte des Wortes; aus einem „a" wird beispielsweise ein „ä", zum Beispiel „der Wald" – „die Wälder". Es gibt aber auch Nomen, die im Singular und im Plural gleich sind, zum Beispiel „das Mädchen" – „die Mädchen". Nomen im Plural haben immer den Artikel (Begleiter) „die".*

Singular	Plural
das Auto	**die Autos**
die Hälfte	**die Hälften**
der Park	**die Parks**
die Wiese	**die Wiesen**
der Fußgänger	**die Fußgänger**

12. Vervollständige die Wortfamilien.

Hinweis: *Wörter, die zur selben Wortfamilie gehören, haben einen ähnlichen oder gleichen Wortstamm, da sie miteinander verwandt sind.*
Beispiel:
Liebe – lieben – lieblich

Nomen (Namenwort)	Verb (Tunwort)	Adjektiv (Wiewort)
die Schönheit	verschönern	**schön**
die Eile	**eilen**	eilig
die Aufmerksamkeit	aufmerken	**aufmerksam**

13. Setze die richtigen Artikel (Begleiter) ein.
Du kannst jeden Artikel mehrmals verwenden.
Achte auch auf die richtige Groß- und Kleinschreibung.

der das die dem

Hinweis: *Die Artikel (Begleiter) im Nominativ (1. Fall/Wer-Fall) heißen „der“, „die“ und „das“. Wenn sich allerdings der Fall des Nomen (Namenwortes) ändert, dann ändert sich auch der Artikel.*
Beispiel:
Die Tante geht einkaufen. Ich habe der Tante ein Geschenk mitgebracht.

Heute gehen **die** Freundinnen Jana und Amelie zusammen in **die** Schule. In **der** Pause packen sie **das** Frühstück aus und spielen später auf **dem** Klettergerüst. **Der** Unterricht macht auch großen Spaß, wenn man alles zusammen macht.

14. Schreibe die Verben (Tunwörter) in den verschiedenen Personalformen auf.

Hinweis: *Verben (Tunwörter) stehen im Infinitiv (Grundform) oder in verschiedenen Personalformen. Dabei unterscheiden wir zwischen Singular (Einzahl) und Plural (Mehrzahl). Beim Singular handelt es sich um eine einzelne Person (ich, du, er, sie, es). Beim Plural handelt es sich um mehrere Personen (wir, ihr, sie).*
Beispiel:

1. Person Singular:	*ich singe*	*1. Person Plural:*	*wir singen*
2. Person Singular:	*du singst*	*2. Person Plural:*	*ihr singt*
3. Person Singular:	*er, sie, es singt*	*3. Person Plural:*	*sie singen*

	geben	**machen**	**hupen**	**haben**
ich	**gebe**	**mache**	**hupe**	**habe**
du	**gibst**	**machst**	**hupst**	**hast**
er, sie, es	**gibt**	**macht**	**hupt**	**hat**
wir	**geben**	**machen**	**hupen**	**haben**
ihr	**gebt**	**macht**	**hupt**	**habt**
sie	**geben**	**machen**	**hupen**	**haben**

15. Stelle die Satzglieder um und schreibe die neuen Sätze auf. Achte dabei auch auf die richtigen Satzzeichen.

Hinweis: *Jeder Satz besteht aus mindestens zwei Satzgliedern: dem Subjekt (Satzgegenstand) und dem Prädikat (Satzaussage). Nach dem Subjekt fragen wir mit: „Wer oder was?" Nach dem Prädikat fragen wir mit: „Was tut jemand oder etwas?" Ein weiteres Satzglied ist das Objekt (Satzergänzung). Satzglieder kann man auch daran erkennen, dass man sie im Satz zwar umstellen kann, aber niemals trennen.*

Die Autos sind sehr laut.
Sind die Autos sehr laut?
Sehr laut sind die Autos.

16. Welche Adjektiv-Endungen (Wiewort-Endungen) sind hier nicht möglich? Streiche die falschen Wörter durch.

Hinweis: *Mögliche Endungen von Adjektiven (Wiewörtern) sind „-lich", „-ig", „-bar", „-los", „-isch", „-haft", „-sam" und „-voll". Manche Adjektive können auch mit verschiedenen Endungen gebildet werden, zum Beispiel „lieblich" und „lieblos". Sie haben dann verschiedene Bedeutungen. Es passen aber nicht alle Endungen zu allen Adjektiven.*

heilsam ~~heilich~~ ~~heilhaft~~ heillos heilig ~~heilvoll~~

17. Finde zu den Oberbegriffen jeweils drei passende Unterbegriffe.

Hinweis: *Unterbegriffe bestimmen einen Oberbegriff genauer.*
Beispiel:
Oberbegriff „Obst": Ananas, Birne, Melone

a) Fahrzeuge

Lösungsvorschlag:

Auto, Lastwagen, Fahrrad

b) Insekten

Lösungsvorschlag:

Käfer, Biene, Heuschrecke

c) Tageszeiten

Lösungsvorschlag:

Morgen, Mittag, Abend

18. a) Das Gedicht oben ist noch nicht zu Ende.
Wie könnte es weitergehen?

Hinweis: *Wenn du die ersten zwei Strophen aufmerksam gelesen hast, ist dir sicher schnell klar, dass die neue Zeile mit einem Artikel (Begleiter) beginnen muss, dass an der nächsten Stelle ein Nomen (Namenwort) steht, und dass das dritte Wort ein Verb (Tunwort) sein muss, das aus der Wortfamilie des vorherigen Nomen stammt. Es kommt also nur Antwort 2 infrage.*

- ☐ Die blauen Blumen sprießen empor, …
- ☒ Die Hecke heckt neue Streiche aus, …
- ☐ Rosen, Tulpen, Nelken welken, …
- ☐ Die Blumen bekommen ein neues Gesicht, …

b) Der Autor verwendet in jeder Zeile Nomen (Namenwörter) und Verben (Tunwörter) aus der jeweils gleichen Wortfamilie.
Unterstreiche diese Wörter.

Hinweis: *Wortfamilie bedeutet, dass bestimmte Wörter einen ähnlichen oder gleichen Wortstamm haben, weil sie miteinander verwandt sind.*

Die <u>Knospen</u> <u>knospen</u> und sind schon wach,
die <u>Keime</u> <u>keimen</u> noch schüchtern und schwach,
die <u>Weiden</u> <u>weiden</u> das Gras ab im Bach.

Die <u>Bäume</u> <u>baumeln</u> (das ist ihre Pflicht),
die <u>Sträucher</u> <u>straucheln</u> im Dämmerlicht,
die <u>Stämme</u> <u>stammeln</u> ein Frühlingsgedicht.

c) Hier findest du zwei weitere Zeilen des Gedichts, aber die Wortgrenzen sind nicht eingetragen.
Trenne die einzelnen Wörter durch Striche ab.

Tipp: Eines der Wörter gibt es in Wirklichkeit nicht.

Hinweis: *Sprich die Wörter beim Lesen leise vor dich hin, dann kannst du die Wortgrenzen besser bestimmen.*

DER | RASEN | RAST | WIE | RASEND | UMS | HAUS, |
DER | KROKUS | KROKÜSST | DIE | HASELMAUS.

d) Im Gedicht steht das Wort „stammeln“.
Unterstreiche die Wörter, die zum gleichen Wortfeld gehören.

Hinweis: *Ein Wortfeld umfasst Wörter, die ein bestimmtes Wort genauer oder ähnlich ausdrücken.*

Beispiel:
Wortfeld „schlafen": schlummern, dösen, übernachten

stottern   baumeln   stillen   sprechen   reden

e) Schreibe ein Wort aus dem Gedicht auf, das zum gleichen Wortfeld wie „stolpern" gehört.

***Hinweis:** Hier geht es wieder um ein Wortfeld, also um Wörter, die ein bestimmtes Wort genauer oder ähnlich ausdrücken. Diesmal musst du das passende Wort jedoch im Gedicht suchen.*

straucheln

19. Welches Wort kann sowohl ein Nomen (Namenwort) als auch ein Verb (Tunwort) sein?

***Hinweis:** Bei der Lösung dieser Aufgabe hilft es dir, wenn du versuchst, die Wörter als Nomen (Namenwort) und Verb (Tunwort) in einen Satz zu setzen.*

☐ BACH	☐ GRAS
☒ FLIEGEN	☐ MÜCKEN

20. Im Rezept findest du zusammengesetzte Nomen (Namenwörter). Unterstreiche sie.

***Hinweis:** Zusammengesetzte Nomen (Namenwörter) werden aus zwei oder mehr Nomen gebildet. Manchmal musst du ein „s" oder ein „n" einfügen, damit die Wörter zusammenpassen.*
Beispiel: die Liebe + das Paar = das Liebespaar
Es kann aber auch vorkommen, dass du eines der Nomen kürzen musst, damit es passt.
Beispiel: die Schule + der Weg = der Schulweg
Manchmal wird auch ein Verb (Tunwort) oder ein Adjektiv (Wiewort) mit einem Nomen zusammengesetzt.
Beispiele:
laufen + die Schuhe = die Laufschuhe, blau + die Meise = die Blaumeise

Rezept für eine Quarkspeise

Zutaten:	500 g Magerquark
	200 ml Milch
	1 Päckchen Vanillezucker
	1 Esslöffel Zucker
	1 Teelöffel Zitronensaft
nach Wunsch:	200 g Früchte, gewaschen und klein geschnitten

21. Setze einige der folgenden Pronomen (Fürwörter) in den Lückentext ein: sie, er, es, ihre, ihn, wir, euer

Achte auf die Groß- und Kleinschreibung.

Hinweis: *Ein Pronomen (Fürwort) setzt man ein, um ein Nomen (Namenwort) in einem Satz zu ersetzen.*

Paula möchte heute eine Quarkspeise zubereiten.
(Paula) **Sie** muss aber zunächst noch einkaufen gehen.
Im Laden packt Paula (die Einkäufe) **sie** in den Einkaufswagen.
Paula hat (den Zucker) **ihn** im Regal vergessen.
(Der Vater) **Er** erinnert Paula an den Zucker.

22. Nun folgt die Zubereitung der Quarkspeise aus Aufgabe 19. Schreibe die Verben (Tunwörter) in der richtigen Form in die Lücken.

Hinweis: *Verben (Tunwörter) stehen im Infinitiv (Grundform) oder in verschiedenen Personalformen. In dieser Aufgabe musst du die Verben in die zweite Person Singular (Einzahl), also in die Du-Form setzen.*

Zuerst **gibst** (geben) du den Quark in die Schüssel.
Dann **misst** (messen) du 200 $m\ell$ Milch mit einem Messbecher ab und **schüttest** (schütten) sie dazu.
Nun **kippst** (kippen) du die restlichen Zutaten dazu, **stellst** (stellen) den Handmixer an und **rührst** (rühren) alles 5 Minuten gut durch.
Am Ende **kannst** (können) du die gewaschenen und geschnittenen Früchte dazugeben.

23. Im Text steht, dass Kaltblüter kräftige Tiere sind.
Das Wort „kräftig" wird mit „ä" geschrieben, weil …

Hinweis: *Das Wort „kräftig" kommt vom Wort „Kraft", das kannst du dir sicher ganz leicht ableiten.*

- ☐ es mit dem Wort „stark" verwandt ist.
- ☐ es mit dem Wort „stärker" verwandt ist.
- ☒ es mit dem Wort „Kraft" verwandt ist.
- ☐ es mit dem Wort „Käfig" verwandt ist.

24. Setze die Verben (Tunwörter) im Präteritum (1. Vergangenheit) in den Lückentext ein.

Hinweis: *Verben (Tunwörter) können in verschiedenen Zeitformen stehen. In dieser Aufgabe sollst du die Verben vom Infinitiv (Grundform) in die 3. Person Singular (Einzahl) im Präteritum (1. Vergangenheit) setzen.*

Johanna **fuhr** (fahren) fast jeden Tag in den Stall, um ihr Pferd zu pflegen.
Einen Tag ohne Pferde **konnte** (können) sie sich nicht vorstellen.
Wenn sie ihr Pferd **putzte** (putzen), dann **fühlte** (fühlen) sie sich ihm ganz nah.

25. Unterstreiche die Adjektive (Wiewörter).

Hinweis: *Adjektive (Wiewörter) sagen dir, wie etwas ist. Die Wörter „leben" und „grasen" sind Verben (Tunwörter), daher darfst du sie hier nicht unterstreichen.*

leben schlank schnell grasen leistungsfähig mittelgroß

26. Ordne den Unterbegriffen jeweils den richtigen Oberbegriff zu.

Wähle aus folgenden Wörtern:
Pferdetypen, Arbeitspferde, Putzzeug, Pferdefutter

Hinweis: *Oberbegriff ist ein Begriff, der mehrere Wörter zu einem übergeordneten Begriff zusammenfasst. Unterbegriff ist ein Begriff, der einen Oberbegriff genauer bestimmt.*
Beispiel:
Oberbegriff „Obst", Unterbegriffe: Ananas, Birne, Melone

Pferdetypen
Vollblüter
Kaltblüter
Warmblüter

Putzzeug
Striegel
Wurzelbürste
Hufkratzer

27. Bilde zu jedem Nomen (Namenwort) den Plural (Mehrzahl) mit Artikel (Begleiter).

Hinweis: *Nomen (Namenwörter) können im Singular (Einzahl) oder im Plural (Mehrzahl) stehen. Wenn du den Plural bildest, verändert sich häufig die Endung der Nomen, z. B. „die Katze" – „die Katzen". Manchmal ändert sich auch ein Buchstabe in der Mitte des Wortes; aus einem „a" wird beispielsweise ein „ä", z. B. „der Wald" – „die Wälder".*
Es gibt aber auch Nomen, die im Singular und im Plural gleich sind, z. B. „das Mädchen" – „die Mädchen".
Nomen im Plural (Mehrzahl) haben immer den Artikel (Begleiter) „die".

Singular	Plural
das Land	**die Länder**
der Stall	**die Ställe**
das Arbeitspferd	**die Arbeitspferde**
die Größe	**die Größen**
das Gewicht	**die Gewichte**

28. Schreibe das Gegenteil auf.

Hinweis: *Die meisten Adjektive (Wiewörter) haben ein Gegenteil. Manche Adjektive können in einer anderen Bedeutung auch verschiedene Gegenteile haben, zum Beispiel „alt" – „jung" oder „neu". Außerdem gibt es Adjektive, die in der gleichen Bedeutung verschiedene Gegenteile haben, zum Beispiel „dick" – „dünn" oder „schlank".*

schnell – **langsam**
groß – **klein**
frei – **gefangen** *oder* **unfrei**
leicht – **schwer** *oder* **schwierig**

29. Schreibe die folgenden Wörter im Komparativ (1. Steigerung) und im Superlativ (2. Steigerung) auf.

Hinweis: *Adjektive (Wiewörter) gibt es in der Grundform und in zwei Steigerungsstufen (Komparativ und Superlativ). Mithilfe der Steigerungsstufen kannst du etwas vergleichen.*
Beispiel:
Grundform: Komparativ (1. Steigerung): Superlativ (2. Steigerung):
Max ist groß. Max ist größer als Thomas. Max ist am größten.
Das Wort „viel" wird unregelmäßig gesteigert. Diese Steigerungsformen musst du dir gut merken.

Grundform	Komparativ	Superlativ
leicht	**leichter**	**am leichtesten**
viel	**mehr**	**am meisten**
kräftig	**kräftiger**	**am kräftigsten**

30. Die Mutter sagt zu Charlie: „Mit deinem Freund Benni kannst du ja Pferde stehlen!" Charlie antwortet entrüstet: „Aber du sagst doch immer, dass man nicht stehlen darf!"

Was hat die Mutter mit der Redewendung „Pferde stehlen" gemeint?

Hinweis: *Die Redewendung „mit jemandem Pferde stehlen" kommt aus einer Zeit, in der Pferde sehr wertvolle Arbeitstiere waren. Wer Pferde gestohlen hatte und dabei erwischt wurde, konnte sehr hart bestraft werden. Ein Partner, mit dem man Pferde stahl, musste daher sehr mutig und zuverlässig sein.*

Die Mutter meint mit der Redewendung, dass Benni ein sehr guter Freund ist, mit dem man auch ungewöhnliche Sachen machen kann. Benni muss sehr treu und verlässlich sein.

31. Bilde aus den folgenden Wortanfängen Adjektive (Wiewörter) mit der Endung „-lich", „-ig", „-bar", „-los" oder „-isch".

Achtung: Manche Adjektive gibt es auch mit unterschiedlichen Endungen. Diese musst du mehrmals aufschreiben.

Hinweis: *Mit den Endungen „-lich", „-ig", „-bar", „-los" und „-isch" kannst du Adjektive (Wiewörter) bilden. Es passen aber nicht alle Endungen zu jedem Wort. Am besten sagst du dir die Wörter mit den verschiedenen Endungen im Kopf vor und überlegst bei jeder Endung, ob es das Wort so gibt.*
Manche Adjektive können auch mit unterschiedlichen Endungen gebildet werden. Sie haben dann verschiedene Bedeutungen.
Beispiel:
lieblich, lieblos

freund- – **freundlich**
regner- – **regnerisch**
freud- – **freudig, freudlos**
durst- – **durstig**
wunder- – **wunderlich, wunderbar**

32. Setze die Adjektive (Wiewörter) in der richtigen Form ein.

Hinweis: *Adjektive (Wiewörter) beschreiben, wie eine Sache ist.*
Die Endung richtet sich nach dem Fall, in der die Sache steht, und danach, ob es sich um Singular (Einzahl) oder Plural (Mehrzahl) handelt.
Außerdem hängt die Form davon ab, ob das Adjektiv in der Grundform oder einer der beiden Steigerungsformen gebildet wird.
Beispiele:
Nominativ (1. Fall/Wer-Fall): Das ist meine große Schwester. – Genitiv (2. Fall/Wessen-Fall): Das ist der Ball meiner großen Schwester.
Singular: meine große Schwester – Plural: meine großen Schwestern
Grundform: meine große Schwester – Komparativ (1. Steigerung): meine größere Schwester – Superlativ (2. Steigerung): meine größte Schwester

Meine **kleine** Schwester trägt meistens Zöpfe. (klein)
Ich nehme immer den **sicheren** (*oder:* **sichersten**) Schulweg. (sicher)
In der Garage stehen lauter **alte** Sachen. (alt)
Ich bin die **schnellste** Läuferin in der Klasse. (schnell)
Lina zieht nur **weiße** Strümpfe an. (weiß)

33. Setze diese Adjektive (Wiewörter) in die Grundform.

Hinweis: *Adjektive (Wiewörter) beschreiben, wie eine Sache ist.*
In der Aufgabenstellung stehen die Adjektive im Komparativ (1. Steigerungsstufe) oder im Superlativ (2. Steigerungsstufe).

süßester	**süß**
harmloseste	**harmlos**
billiger	**billig**
am hübschesten	**hübsch**

34. Schreibe die folgenden Verben (Tunwörter) im Präsens (Gegenwart), im Präteritum (1. Vergangenheit) und im Futur (Zukunft) auf. Verwende immer die Ich-Form.

Hinweis: *Verben (Tunwörter) können in verschiedenen Zeitformen stehen: zum Beispiel im Präsens (Gegenwart), im Präteritum (1. Vergangenheit) oder im Futur (Zukunft).*
Die Ich-Form nennt man auch 1. Person. Das ist die Form, bei der das Verb mit „ich" benutzt wird.
Beispiel:

Präsens:	*Präteritum:*	*Futur:*
ich laufe	*ich lief*	*ich werde laufen*

Präsens	**Präteritum**	**Futur**
ich bleibe	**ich blieb**	**ich werde bleiben**
ich singe	ich sang	**ich werde singen**
ich spreche	**ich sprach**	ich werde sprechen
ich trinke	**ich trank**	**ich werde trinken**

35. Welche Wörter gehören nicht zur Wortfamilie „Tisch"? Streiche sie durch.

Hinweis: *Wörter, die zur selben Wortfamilie gehören, haben einen ähnlichen oder gleichen Wortstamm, da sie miteinander verwandt sind.*
Beispiele:
Mann – männlich, Frage – fragen, fraglich

Tischdecke Tischtennis ~~Stuhl~~ ~~Frühstück~~
Tischplatte Tischler Nachtisch
~~Sitzordnung~~ ~~Vorspeise~~ Holztisch
~~Essen~~ auftischen Gartentisch

36. Bilde aus den folgenden Wörtern zusammengesetzte Nomen (Namenwörter) und schreibe sie mit ihrem Artikel (Begleiter) auf.

Hinweis: *Bei der Bildung von zusammengesetzten Nomen (Namenwörtern) richtet sich der Artikel (Begleiter) immer nach dem zweiten Nomen.*
Beispiel:
der Sand – die Uhr = die Sanduhr
Manchmal wird ein „n" oder „s" eingefügt, damit die Wörter zusammenpassen.
Beispiel:
die Liebe, das Paar = das Liebespaar

der Bauch, der Schmerz = **der Bauchschmerz**
das Bett, die Decke = **die Bettdecke**
der Regen, die Jacke = **die Regenjacke**
die Suppe, der Löffel = **der Suppenlöffel**
das Wasser, die Schlange = **die Wasserschlange**

37. In jeder Zeile gehört ein Wort zu einer anderen Wortart. Streiche es durch.

Hinweis: *Die Wörter in der ersten Zeile sind Nomen (Namenwörter), nur „laufen" ist ein Verb (Tunwort). Die Wörter in der zweiten Zeile sind Adjektive (Wiewörter), nur „finden" ist ein Verb. Alle Wörter in der dritten Zeile sind Artikel (Begleiter), nur das Wort „und" nicht. (Das ist ein Bindewort.)*

Maus Schwanz Erde ~~laufen~~ Spuren
schnell klein leicht ~~finden~~
der die das ein ~~und~~ eine

38. Die Verben (Tunwörter) stehen im Präteritum (1. Vergangenheit) oder in einer Personalform im Kasten.
Schreibe sie wie im Beispiel im Infinitiv (Grundform) auf die Linien.

~~meint~~	kam	gab	wuchsen	wurden	will	hältst	fährt

Hinweis: Verben (Tunwörter) stehen im Infinitiv (Grundform) oder in verschiedenen Personalformen. Im Infinitiv enden Verben auf „-en", „-ern" oder „-eln".
Beispiel:
singen, kichern, lächeln

meint – meinen, **kam – kommen, gab – geben, wuchsen – wachsen, wurden – werden, will – wollen, hältst – halten, fährt – fahren**

39. Zu welchem Wortfeld gehören die folgenden Verben (Tunwörter)?

Hinweis: *Ein Wortfeld umfasst Wörter, die ein bestimmtes Wort genauer oder ähnlich ausdrücken.*
Beispiel:
Wortfeld „gehen": trotten, schlendern, schlurfen

a) säubern, scheuern, schrubben, spülen, wischen
Wortfeld: **waschen** *oder* **putzen**

b) zeichnen, abbilden, pinseln, skizzieren, lackieren
Wortfeld: **malen**

40. Finde zu den Oberbegriffen jeweils drei passende Unterbegriffe.

Hinweis: *Unterbegriffe bestimmen einen Oberbegriff genauer.*
Beispiel:
Oberbegriff „Obst": Ananas, Birne, Melone

a) Feiertage

Lösungsvorschlag:

Ostern, Weihnachten, Pfingsten

b) Hunderassen

Lösungsvorschlag:

Schäferhund, Pudel, Dackel

c) Werktage

Hinweis: *Hier musst du aufpassen: Der Sonntag ist kein Werktag!*

Lösungsvorschlag:

Montag, Mittwoch, Donnerstag

41. Schreibe fünf Verben (Tunwörter) auf, die zum Wortfeld „gehen" gehören.

Hinweis: *Ein Wortfeld umfasst Wörter, die ein bestimmtes Wort genauer oder ähnlich ausdrücken.*
Beispiel:
Wortfeld „schlafen": träumen, dösen, schlummern

Lösungsvorschlag:

trotten, schleichen, spazieren, laufen, wandern

42. Um welche Wortarten handelt es sich bei den folgenden Wörtern? Kreuze an.

Hinweis: *Nomen (Namenwörter) benennen Menschen, Tiere oder Dinge. Man schreibt sie immer groß und man kann einen Artikel (Begleiter) davorsetzen.*
Beispiele: das Auto, der Mann, die Rose
Das Nomen, das du hier erkennen musst, ist ein „abstraktes Nomen“, das heißt, du kannst es nicht anfassen: Dunkelheit. Auch für abstrakte Nomen gilt: Sie haben einen Artikel und man schreibt sie groß.

Verben (Tunwörter) sagen, was jemand oder etwas tut. Man schreibt sie klein.
Beispiel: Susi geht zur Schule. Was tut Susi? Sie geht.

Adjektive (Wiewörter) beschreiben, wie eine Sache ist. Man schreibt sie klein.
Beispiel: Das Haus ist groß. Wie ist das Haus? groß

	Nomen (Namenwort)	**Verb (Tunwort)**	**Adjektiv (Wiewort)**
Dunkelheit	☒	☐	☐
mögen	☐	☒	☐
hell	☐	☐	☒
einfach	☐	☐	☒
trauen	☐	☒	☐

43. Bei welchen Wörtern handelt es sich um Verben (Tunwörter)? Kreuze alle richtigen Lösungen an.

Hinweis: *Verben (Tunwörter) sagen, was jemand oder etwas tut.*
Beispiel: Susi geht zur Schule. Was tut Susi? Sie geht.

☐ schlicht
☐ samstags
☒ auspacken
☒ brauchen
☒ feiern

44. Ein Satz ist in einer anderen Zeitform geschrieben.
Kreuze an.

Hinweis: *Verben (Tunwörter) können in verschiedenen Zeitformen stehen: zum Beispiel im Präsens (Gegenwart), im Präteritum (1. Vergangenheit) oder im Futur (Zukunft).*
Beispiel:

Präsens:	*Präteritum:*	*Futur:*
ich laufe	*ich lief*	*ich werde laufen*

Hier ist der 3. Satz im Präteritum geschrieben und die anderen Sätze im Präsens.

- [ ] Susi springt über das Seil.
- [ ] Lukas spielt mit einem Ball.
- [x] Laura kroch durch die Röhre.
- [ ] Marcel läuft die Linie entlang.

45. Schreibe die folgenden Nomen (Namenwörter) mit ihrem Artikel (Begleiter) auf.
Bilde zu jedem Nomen den Plural (Mehrzahl) mit Artikel.

Hinweis: *Nomen (Namenwörter) können im Singular (Einzahl) die Artikel (Begleiter) „der", „die" oder „das" haben. Im Plural (Mehrzahl) haben sie immer den Artikel „die".*
Wenn du den Plural von Nomen bildest, verändert sich häufig die Endung, zum Beispiel „die Katze" – „die Katzen". Manchmal ändert sich auch ein Buchstabe in der Mitte des Wortes; aus einem a wird beispielsweise ein ä, zum Beispiel „der Wald" – „die Wälder". Es gibt aber auch Nomen, die im Singular und im Plural gleich sind, zum Beispiel „das Mädchen" – „die Mädchen".

Zwerg	– **der Zwerg**	– **die Zwerge**
Wolf	– **der Wolf**	– **die Wölfe**
Männlein	– **das Männlein**	– **die Männlein**
Königin	– **die Königin**	– **die Königinnen**
Frosch	– **der Frosch**	– **die Frösche**

46. Setze in dem Text für die Pronomen (Fürwörter) folgende Artikel (Begleiter) und Nomen (Namenwörter) ein:

die Möbel, den Schatz, dem Geburtstagskind, die Kinder, die Mutter, die Feuerwehr.

Du darfst jedes Nomen nur einmal verwenden.

Hinweis: *Pronomen (Fürwörter) setzt man ein, um ein Nomen (Namenwort) in einem Satz zu ersetzen. Pronomen sind zum Beispiel „ich", „du", „meiner", „euer", „mir".*
Beispiel: Anne geht schwimmen. – Sie geht schwimmen.
Hier sollst du überlegen, welche Nomen ersetzt wurden.

Sie backt ihm heute Schokotorte.
Die Mutter backt dem Geburtstagskind heute Schokotorte.

Sie löschte das Feuer und rettete sie.
Die Feuerwehr löschte das Feuer und rettete die Möbel.

Sie fanden ihn im Park unter einem Baum.
Die Kinder fanden den Schatz im Park unter einem Baum.

47. Kreuze an, welche Bedeutung folgende Redewendungen haben.

Hinweis: *„Etwas im Schilde führen" kommt aus der Zeit, in der man zur Verteidigung noch ein Schild bei sich trug. Auf diesem war oft ein Wappen zu sehen und wenn das Gegenüber dieses kannte, konnte er erkennen, ob er Freund oder Feind vor sich hatte. Heute meint man mit der Redewendung, dass jemand heimlich etwas Ungutes plant.*
„Eine lange Leitung haben" kommt aus der Zeit, in der die Übermittlung von Informationen, zum Beispiel per Telefon oder Funk, bei großer Entfernung (also bei langen Leitungen) noch vielen Störungen ausgesetzt war.

a) „Etwas im Schilde führen" bedeutet,

- ☐ dass jemand ein Familienwappen als Schild besitzt.
- ☒ dass jemand etwas Ungutes plant.
- ☐ dass Schilder eine Straße entlangführen.
- ☐ dass jemand Verkehrsschilder plant.

b) „Eine lange Leitung haben" bedeutet,

- ☐ dass jemand viele Steckdosen und Leitungen im Haus hat.
- ☒ dass jemand langsam denkt.

- [ ] dass jemand auf einer Stromleitung steht.
- [ ] dass jemand lange braucht, um von A nach B zu kommen.

48. Schreibe folgende Sätze im Futur (Zukunft).

Hinweis: *Verben (Tunwörter) können in verschiedenen Zeitformen stehen: zum Beispiel im Präsens (Gegenwart), im Präteritum (1. Vergangenheit) oder im Futur (Zukunft). Futur ist die Zeitform, in der Verben sagen, was jemand oder etwas in der Zukunft tun wird.*
Beispiel:
wir werden sehen

Am Wochenende machte ich mit meiner Familie einen Ausflug nach Berlin.
Am Wochenende werde ich mit meiner Familie einen Ausflug nach Berlin machen.

Wir schauten uns den Reichstag und den Zoo an.
Wir werden uns den Reichstag und den Zoo anschauen.

Spät am Abend fuhren wir wieder nach Hause.
Spät am Abend werden wir wieder nach Hause fahren.

49. Setze die Verben (Tunwörter) in der angegebenen Zeitform ein.

Hinweis: *Verben (Tunwörter) können in verschiedenen Zeitformen stehen: zum Beispiel im Präsens (Gegenwart), im Präteritum (1. Vergangenheit) oder im Futur (Zukunft).*
Beispiel:

Präsens:	*Präteritum:*	*Futur:*
ich laufe	*ich lief*	*ich werde laufen*

a) Präsens (Gegenwart)

Im Supermarkt **kaufen** (kaufen) Lotte und ihre Mutter Süßigkeiten für das Geburtstagsfest.

b) Präteritum (1. Vergangenheit)

Mareike und ihre Großeltern **gingen** (gehen) am Sonntag gemeinsam auf den Jahrmarkt.

50. Setze die Adjektive (Wiewörter) in der richtigen Form ein.

Hinweis: *Adjektive (Wiewörter) beschreiben, wie eine Sache ist. Die Endung richtet sich nach dem Fall, in der die Sache steht, und danach, ob es sich um Singular (Einzahl) oder Plural (Mehrzahl) handelt.*
Beispiele:
Nominativ (1. Fall/Wer-Fall): Das ist meine große Schwester. – Genitiv (2. Fall/Wessen-Fall): Das ist der Ball meiner großen Schwester.
Singular: meine große Schwester – Plural: meine großen Schwestern

Der Wolf hat ein **großes** Maul. (groß)
Die **langsame** Schnecke verliert das Rennen. (langsam)

Dritter Kompetenzbereich: Rechtschreiben

1. Beantworte folgende Fragen.

   Wie finde ich heraus, dass …

   Hinweis: *Bei vielen Wörtern kannst du durch Überlegen darauf kommen, wie sie geschrieben werden. Dabei gibt es verschiedene Tricks: zum Beispiel verlängern, um den letzten Buchstaben eines Wortes zu erkennen, oder überlegen, mit welchem Wort das gesuchte Wort verwandt ist, um die Schreibweise abzuleiten.*

   das Wort „Heimweg“ am Ende mit „g“ geschrieben wird?
   Indem ich das Wort verlängere: Heimweg – Heimwege.

   das Wort „Männer“ in der Mitte mit einem „ä“ geschrieben wird?
   Indem ich überlege, mit welchem Wort es verwandt ist, nämlich „Mann“.

   das Wort „zappeln“ mit dem doppelten Konsonanten (Mitlaut) „pp“ geschrieben wird?
   Indem ich mir den vorangestellten Vokal (Selbstlaut) ansehe. Der wird hier kurz gesprochen.

2. Finde heraus, ob der erste Vokal (Selbstlaut) der Wörter lang oder kurz gesprochen wird. Schreibe die Wörter dann in die richtige Spalte der Tabelle.

   Fenster, Spinne, Tal, Leben, Pudding, Dame, Schnecke, Tante, Schere

   Hinweis: *Du findest heraus, ob ein Vokal (Selbstlaut) kurz oder lang gesprochen wird, indem du dir das Wort vorsprichst und entweder ein anderes Wort (Beispiel: Miete – Mitte) oder ein Unsinnswort (Beispiel: Fenster – Feenster) damit vergleichst. Außerdem kann dir die Regel helfen, dass der Vokal vor einem Doppelkonsonanten (doppeltem Mitlaut) immer kurz gesprochen wird.*

kurzer Vokal	langer Vokal
Fenster	**Tal**
Spinne	**Leben**
Pudding	**Dame**
Schnecke	**Schere**
Tante	

3. Zerlege die Wörter in Silben.

__Hinweis:__ Silben sind Wortteile. Ein Wort kann aus einer oder mehreren Silben bestehen. Du kannst das Wort in seine Silben trennen. Dabei hilft es dir, das Wort laut auszusprechen und die Silben mit den Händen zu klatschen. Wörter mit nur einer Silbe können nicht getrennt werden.
Ist in einem Wort ein doppelter Konsonant (Mitlaut), der zwischen zwei Vokalen (Selbstlauten) steht, so trennt man das Wort zwischen den Konsonanten.
Beispiel: Sommer – Som-mer

Zimmer – **Zim-mer**
Fenster – **Fens-ter**
Haus – **Haus**
Kochtopf – **Koch-topf**
Schüssel – **Schüs-sel**
Gabel – **Ga-bel**
Klettergerüst – **Klet-ter-ge-rüst**
Sand – **Sand**
Schaukel – **Schau-kel**

4. Sieh dir die Bilder gut an und schreibe das richtige Wort zum Bild. Überlege dir anschließend einen Reim.

Hinweis:

1. *Ein Reimwort zu „Mund“ heißt „Hund“. Beide Wörter werden am Ende mit „d“ geschrieben. Das kannst du hören, wenn du die Wörter verlängerst: Mund – Münder, Hund – Hunde.*
2. *Abgebildet ist „Wind“, ein Reimwort ist „Kind“. Beide Wörter werden am Ende mit „d“ geschrieben. Das kannst du hören, wenn du die Wörter verlängerst: Wind – Winde, Kind – Kinder.*
3. *Abgebildet ist eine „Flasche“, ein Reimwort ist „Tasche“. Beide Wörter werden mit einem „sch“ geschrieben.*
4. *Abgebildet ist ein „Buch“, ein Reimwort ist „Tuch“. Beide Wörter werden ohne Dehnungs-h geschrieben, obwohl der Vokal (Selbstlaut) jeweils lang gesprochen wird. Das musst du dir gut merken.*
5. *Abgebildet ist ein „Zopf“, Reimwörter sind z. B. „Topf“ oder „Kopf“. Um die Endung „-pf“ zu hören, musst du die Wörter ganz deutlich sprechen.*
6. *Abgebildet ist eine „Fee“, Reimwörter sind z. B. „Tee“ oder „Klee“. Alle drei Wörter werden mit „ee“ geschrieben, um den Vokal (Selbstlaut) zu verlängern.*
7. *Abgebildet ist eine „Sonne“, ein Reimwort ist „Tonne“. Beide Wörter werden mit „nn“ geschrieben, weil der vorangestellte Vokal (Selbstlaut) kurz gesprochen wird.*
8. *Abgebildet ist eine „Kasse“, Reimwörter sind z. B. „Tasse“ oder „Masse“. Alle drei Wörter werden mit Doppel-s geschrieben, weil der vorangestellte Vokal (Selbstlaut) kurz gesprochen wird.*

9. Abgebildet ist ein „Schal“, ein Reimwort ist „Tal“. Beide Wörter werden ohne Dehnungs-h geschrieben, obwohl die Vokale (Selbstlaute) lang gesprochen werden, das musst du dir gut merken.

		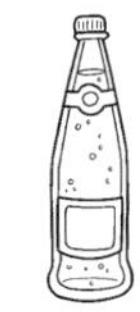
Mund	Wind	**Flasche**
Hund	**Kind**	**Tasche**

Buch	**Zopf**	**Fee**
Tuch	**Topf** *oder* **Kopf**	**Tee** *oder* **Klee**

Sonne	**Kasse**	**Schal**
Tonne	**Tasse** *oder* **Masse**	**Tal**

5. Schreibe die folgenden Wörter in alphabetischer Reihenfolge auf.

Hinweis: *Wenn du Wörter alphabetisch ordnest, musst du dich zunächst nach dem ersten Buchstaben richten. Wenn dieser gleich ist, ordnest du nach dem zweiten Buchstaben und immer so weiter. Wenn ein Wort die Umlaute „ä“, „ö“ oder „ü“ enthält, wird das Wort so geordnet wie die Vokale (Selbstlaute) „a“, „o“ oder „u“.*
Beispiel:
Bruder, Brüllbär, Brunft
Achtung: „Dienst“ musst du vor „Dienstag“ einordnen.

a) Klette, laut, klein, Koch, Lampe, Kleid, Koffer
Kleid, klein, Klette, Koch, Koffer, Lampe, laut

b) Denkmal, Dampfschiff, Dienstweg, Dienstag, Dach, Dienst
Dach, Dampfschiff, Denkmal, Dienst, Dienstag, Dienstweg

6. Setze, wenn nötig, das richtige Satzzeichen ein (. , ? !).

Hinweis: *Satzzeichen gehören zu einem Satz und ordnen ihn. Häufig kann man einen Satz durch ein Satzzeichen besser verstehen.*
Der Punkt z. B. beendet einen Satz. Beispiel: Ich esse.

Das Komma wird häufig bei Aufzählungen verwendet.
Beispiel: Ich esse Spargel, Kartoffeln und Schinken.

Das Ausrufezeichen steht am Satzende, wenn der Satz eine Aufforderung oder ein Ausruf ist. Beispiele: Fang jetzt an zu essen! Oh, wie lecker!

Das Fragezeichen beendet einen Satz, wenn eine Frage gestellt wurde.
Beispiel: Bekomme ich etwas zu essen?

Achtung: Nach „Regenjacke" kommt kein Satzzeichen.

Wenn es regnet, nehme ich einen Regenschirm mit**.**

„Mama, nimm bitte den Regenschirm mit**!**"

Soll ich lieber einen Regenschirm**,** eine Regenjacke oder ein Regencape mitnehmen**?**

Ich mag keinen Regen**.** *(oder:* **!***)*

7. Dies ist eine Satzschlange. Schreibe den Text richtig ab. Beachte die Wortgrenzen und die Groß- und Kleinschreibung.

Hinweis: *Wenn du den Text in Gedanken mitsprichst, kannst du die Wortgrenzen leichter finden. „In", „Bei" und „Im" stehen am Satzanfang und werden großgeschrieben. „Freizeit", „Wetter", „Woche", „Winter", „Hallenbad", „Jahr" und „Schwimmverein" sind Nomen (Namenwörter). Diese werden ebenfalls großgeschrieben. Alle anderen Wörter schreibt man klein.*

INMEINERFREIZEITGEHEICHGERNESCHWIMMEN.BEISCHÖN
EMWETTERSOGARZWEIMALINDERWOCHE.IMWINTERBEVOR
ZUGEICHDASHALLENBAD.IMNÄCHSTENJAHRMÖCHTEICHEIN
ENSCHWIMMVEREINBESUCHEN.

In meiner Freizeit gehe ich gerne schwimmen. Bei schönem Wetter sogar zweimal in der Woche. Im Winter bevorzuge ich das Hallenbad. Im nächsten Jahr möchte ich einen Schwimmverein besuchen.

8. Im folgenden Text sind einige Wörter falsch geschrieben.
Rechts steht in Klammern die Anzahl der Fehler in dieser Zeile.

Streiche die falsch geschriebenen Wörter durch.
Schreibe sie richtig darunter.

Hinweis:
Zeile 1: „Wettervorhersage“ wird großgeschrieben, weil es ein Nomen (Namenwort) ist. „Sonnenschein“ wird mit „nn“ geschrieben, weil der davorstehende Vokal (Selbstlaut) „o“ kurz gesprochen wird.
Zeile 2: Das Wort „bleibt“ schreibt man mit „b“. Das kannst du hören, wenn du das Wort verlängerst: blei<u>b</u>en. Das Wort „schön“ wird kleingeschrieben, weil es ein Adjektiv (Wiewort) ist.
Zeile 3: „Regenfall“ ist ein zusammengesetztes Nomen (Namenwort) und wird daher zusammengeschrieben.

Die ~~wettervorhersage~~ meldet für heute ~~Sonenschein~~ und 18 Grad. (2)
Wettervorhersage **Sonnenschein**

Nächste Woche ~~bleipt~~ es nicht so ~~Schön~~. (2)
bleibt **schön**

Man rechnet mit leichtem ~~Regen Fall~~. (1)
Regenfall

9. Höre dir das Lückendiktat „Am Strand“ (Track 1) an.
Die Sätze werden dir langsam und vollständig vorgelesen.
Lies im Text mit und setze die fehlenden Wörter ein.

Hinweis:
1. *„Fahrrad“ wird großgeschrieben, weil es ein Nomen (Namenwort) ist. Es wird mit einem Dehnungs-h geschrieben, weil das vorangestellte „a“ lang gesprochen wird, und es wird mit Doppel-r geschrieben, weil es sich aus den Wörtern „Fahr(en)“ und „Rad“ zusammensetzt. Es wird mit „d“ am Ende geschrieben. Das kannst du hören, wenn du das Wort verlängerst: Fahrrä<u>d</u>er.*
2. *„Liegestühle“ wird großgeschrieben, weil es ein Nomen (Namenwort) ist. Es wird mit „ie“ geschrieben, weil das „i“ lang gesprochen und dadurch gedehnt wird, und es wird mit „ü“ geschrieben, weil „Stühle“ von „Stuhl“ kommt. Hinter dem „ü“ steht ein Dehnungs-h, weil das „ü“ lang gesprochen wird.*
3. *„Sonnenschirm“ wird großgeschrieben, weil es ein Nomen (Namenwort) ist. Es wird mit einem Doppel-n geschrieben, weil das vorangestellte „o“ kurz gesprochen wird.*
4. *„Strandtücher“ wird großgeschrieben, weil es ein Nomen (Namenwort) ist. „Strand“ wird am Ende mit „d“ geschrieben. Das kannst du hören, wenn du das Wort verlängerst: Strän<u>d</u>e. „Tücher“ wird ohne Dehnungs-h geschrieben, weil das Wort von „Tuch“ kommt.*

5. *„Wasser" wird großgeschrieben, weil es ein Nomen (Namenwort) ist. Es wird mit Doppel-s geschrieben, weil das vorangestellte „a" kurz gesprochen wird.*
6. *Das Wort „schwimmen" wird kleingeschrieben, weil es ein Verb (Tunwort) ist. Es wird mit Doppel-m geschrieben, weil das vorangestellte „i" kurz gesprochen wird.*
7. *Das Wort „wärmen" wird kleingeschrieben, weil es ein Verb (Tunwort) ist. Es wird mit „ä" geschrieben, weil es von dem Wort „warm" kommt.*
8. *Das Wort „vergessen" wird kleingeschrieben, weil es ein Verb (Tunwort) ist. Es wird mit „v" geschrieben, weil das Wort die Vorsilbe „ver-" hat; es wird mit Doppel-s geschrieben, weil das vorangestellte „e" kurz gesprochen wird.*
9. *„Sonnenbrand" wird großgeschrieben, weil es ein Nomen (Namenwort) ist. Es wird mit Doppel-n geschrieben, weil das vorangestellte „o" kurz gesprochen wird. Es wird am Ende mit „d" geschrieben. Das kannst du hören, wenn du das Wort verlängerst: Sonnenbrände.*
10. *Das Wort „essen" wird kleingeschrieben, weil es ein Verb (Tunwort) ist. Es wird mit Doppel-s geschrieben, weil das vorangestellte „e" kurz gesprochen wird.*
11. *Das Wort „fliegen" wird kleingeschrieben, weil es ein Verb (Tunwort) ist. Es wird mit „ie" geschrieben, weil das „i" lang gesprochen und dadurch gedehnt wird.*
12. *„Vögel" wird großgeschrieben, weil es ein Nomen (Namenwort) ist. Es wird mit „v" geschrieben, das musst du dir merken.*
13. *„Urlaubstag" wird großgeschrieben, weil es ein Nomen (Namenwort) ist. „Urlaub" wird am Ende mit „b" geschrieben. Das kannst du hören, wenn du das Wort verlängerst: Urlaube. „Tag" wird am Ende mit „g" geschrieben. Das kannst du ebenfalls hören, wenn du das Wort verlängerst: Tage.*
14. *Das Wort „liege" wird kleingeschrieben, weil es ein Verb (Tunwort) ist. Es wird mit „ie" geschrieben, weil das „i" lang gesprochen und dadurch gedehnt wird.*

Wir fahren mit dem **Fahrrad** ans Meer.
Am Strand sind viele **Liegestühle** schon besetzt.
Ein **Sonnenschirm** schützt uns vor zu viel Sonne.
Wir breiten unsere **Strandtücher** aus.
Das **Wasser** ist noch etwas kalt.
Trotzdem gehen wir **schwimmen**.
Hinterher kann uns die Sonne wieder **wärmen**.
Wir sollten aber nicht **vergessen**, uns einzucremen.
Sonst bekommen wir einen **Sonnenbrand**.
Am Nachmittag **essen** wir noch ein Eis mit Sahne.
Auf dem Weg nach Hause sehen wir Seeschwalben **fliegen**.
Diese **Vögel** sehen wunderschön am Himmel aus.
Das war ein schöner **Urlaubstag**.
Ich **liege** im Bett und freue mich auf morgen.

10. Ergänze die fehlenden Buchstaben.

Hinweis:
Zu a): „Kind" wird mit einem einfachen „i" geschrieben, weil der Laut kurz gesprochen wird. „Spiegel" und „Fieber" schreibt man mit „ie", weil die Laute lang gesprochen und dadurch gedehnt werden.
Zu b): „Schneemann" schreibt man mit Doppel-e und „Haare" mit Doppel-a, weil die Laute lang gesprochen und dadurch gedehnt werden. „Möhre" schreibt man mit einem Dehnungs-h, weil auch der Laut „ö" lang gesprochen wird. Welche Wörter mit Doppel-Vokal (Selbstlaut) und welche Wörter mit einem Dehnungs-h geschrieben werden, musst du dir merken.
Zu c): „Futter" wird mit Doppel-t und „Giraffe" mit Doppel-f geschrieben, weil die vorangestellten Vokale (Selbstlaute) kurz gesprochen werden. „Eimer" wird mit einfachem „m" geschrieben, weil nach einem Doppellaut (au, äu, eu, ei) immer ein einfacher Konsonant (Mitlaut) steht.

a) Das K**i**nd sieht in den Sp**ie**gel.
Sein Gesicht ist rot vom F**ie**ber.

b) Der Schn**ee**mann hat einen Hut, aber keine H**aa**re.
Seine Nase ist eine M**öh**re.

c) Der Wärter gibt das Fu**tt**er für die Gira**ff**en in den Ei**m**er.

11. Setze die Buchstaben F/f, V/v oder W/w richtig ein.
Achte auf die Groß- und Kleinschreibung.

***Hinweis:** Das „v" hört sich in einigen Wörtern wie ein „w" und in einigen Wörtern wie ein „f" an. Welcher Buchstabe jeweils geschrieben wird, musst du dir merken. Wörter mit den Vorsilben „ver-" oder „vor-" werden immer mit „v" geschrieben. Aber Vorsicht: Es gibt auch Wörter, die mit den Buchstaben „fer-" oder „for-" beginnen (zum Beispiel Ferse, fertig, Ferkel, fordern, Form, Formel).*

a) Der frühe **V**ogel frisst den Wurm.
Mit meinem Surfbrett will ich über die **W**ellen reiten.
Ich stelle die Blumen in die **V**ase.

b) Der Adler **f**liegt durch die Lüfte.
Tina weint: „Ich habe mein Geld **v**erloren."
Die Fische schwimmen im **W**asser.

c) Die Artistin balanciert **v**orsichtig über das Seil.
Stefan **w**inkt Marion beim Abschied zu.
Ich bin schon mit den Hausaufgaben **f**ertig.

12. Schreibe die Sätze ab und ergänze die Satzzeichen und die wörtliche Rede.

Hinweis: *Satzzeichen gehören zu einem Satz und ordnen ihn. Häufig kann man einen Satz durch Satzzeichen besser verstehen.*
Der Punkt zum Beispiel beendet einen Satz. Beispiel: Ich esse.
Das Komma wird häufig bei Aufzählungen benutzt. Beispiel: Ich esse Spargel, Kartoffeln und Schinken.
Das Ausrufezeichen steht am Satzende, wenn der Satz eine Aufforderung oder ein Ausruf ist. Beispiele: Fang jetzt an zu essen! Oh, wie lecker!
Das Fragezeichen beendet einen Satz, wenn eine Frage gestellt wurde. Beispiel: Bekomme ich etwas zu essen?
Wörtliche Rede in einem Text zeigt, was eine oder mehrere Personen sagen oder denken. Sätze mit wörtlicher Rede bestehen aus einem Begleitsatz und der wörtlichen Rede. Die wörtliche Rede kann auch aus mehreren Sätzen bestehen. Den Begleitsatz erkennt man an bestimmten Signalwörtern wie „sagen“, „fragen“, „erklären“, „sprechen“, „äußern“ oder „erwidern“.
Steht der Begleitsatz am Anfang, trennt ein Doppelpunkt Begleitsatz und wörtliche Rede. Steht der Begleitsatz am Ende, trennt ein Komma wörtliche Rede und Begleitsatz.
Steht der Begleitsatz nach der wörtlichen Rede und würde am Ende der wörtlichen Rede ein Punkt stehen, so wird dieser weggelassen. Steht dort jedoch ein Frage- oder Ausrufezeichen, so wird das Satzzeichen geschrieben.
Beispiele:

*Lukas fragt seinen Bruder*__:__ *„Warum willst du mir nicht deinen Ball leihen*__?“__

Begleitsatz — wörtliche Rede

*„Warum willst du mir nicht deinen Ball leihen*__?“,__ *fragt Lukas seinen Bruder*__.__

wörtliche Rede — Begleitsatz

*„Ich habe dir mein neues Auto auch geliehen*__“,__ *sagt Lukas darauf*__.__

wörtliche Rede — Begleitsatz

Justus fragt seine Freundin Lina Möchtest du heute bei uns spielen
Justus fragt seine Freundin Lina: „Möchtest du heute bei uns spielen?“

Gerne Heute Nachmittag habe ich Zeit antwortet Lina
„Gerne! Heute Nachmittag habe ich Zeit“, antwortet Lina.

13. Höre dir den Fehlertext (Track 2) an,
dann kannst du den Sinn des Textes verstehen.
Schreibe den Text richtig ab.
Beachte die Wortgrenzen und die Groß- und Kleinschreibung.

MEINELIEBLINGSFÄCHERINDERSCHULESINDMATHEMATIKU
NDSPORT.DESHALBFREUEICHMICHJEDEWOCHEAUFDENMO
NTAGUNDDENMITTWOCH,DENNANDIESENTAGENHABEICHB
EIDEFÄCHERINEINERDOPPELSTUNDE.

Hinweis: *Wenn du den Text anhörst, zeichne dir Striche dorthin, wo die Wortgrenzen sind. Anschließend schreibst du den Text dann mit Wortgrenzen und in der richtigen Groß- und Kleinschreibung ab. „Meine" und „Deshalb" stehen am Satzanfang und werden großgeschrieben. „Lieblingsfächer", „Schule", „Mathematik", „Sport", „Woche", „Montag", „Mittwoch", „Tagen", „Fächer" und „Doppelstunde" sind Nomen (Namenwörter). Diese werden ebenfalls großgeschrieben. Alle anderen Wörter schreibt man klein.*

Meine Lieblingsfächer in der Schule sind Mathematik und Sport. Deshalb freue ich mich jede Woche auf den Montag und den Mittwoch, denn an diesen Tagen habe ich beide Fächer in einer Doppelstunde.

14. Im folgenden Text sind einige Wörter falsch geschrieben.
Rechts steht in Klammern die Anzahl der Fehler in dieser Zeile.

Streiche die falsch geschriebenen Wörter durch.
Schreibe sie richtig darunter.

Hinweis:
Zeile 1: Das Wort „fahren" wird nicht mit Doppel-a, sondern mit einem Dehnungs-h geschrieben, das musst du dir merken. Das Wort „großen" schreibt man mit einem „ß", weil der Laut hart gesprochen und das vorangestellte „o" lang gesprochen wird. „Berg" schreibt man am Ende mit „g". Das kannst du hören, wenn du das Wort verlängerst: Berge.
Zeile 2: Das Wort „pflücke" schreibt man mit „ck", weil das vorangestellte „ü" kurz gesprochen wird. Die „Beeren", die du essen kannst, werden mit Doppel-e geschrieben – im Gegensatz zu den Tieren, die „Bären" geschrieben werden, weil sie von „Bär" kommen.
Zeile 3: Das Wort „wollen" wird mit einem Doppel-l geschrieben, weil davor ein kurz gesprochenes „o" steht. Bei „Marmelade" steht zwischen dem „a" und dem „m" ein „r". Das kannst du hören, wenn du das Wort ganz deutlich aussprichst.

Ich ~~faare~~ mit meinem Fahrrad auf den ~~grossen~~ ~~Berk~~. (3)
fahre **großen** **Berg**

Oben angekommen, ~~pflüke~~ ich viele blaue ~~Bären~~. (2)
pflücke **Beeren**

Daraus ~~wolen~~ wir zu Hause ~~Mamelade~~ machen. (2)
wollen **Marmelade**

15. Füge an die folgenden Wörter jeweils den letzten Buchstaben an. Gib jeweils eine Verlängerung des Wortes an, um zu zeigen, dass du den richtigen Buchstaben eingesetzt hast.
Schreibe die passenden Artikel (Begleiter) voran.

Hinweis: *Wenn ein Wort mit „d" oder „t", „g" oder „k" oder „b" oder „p" endet, kannst du die richtige Endung bestimmen, indem du das Wort verlängerst. Bei Nomen (Namenwörtern) ist dies häufig der Plural (Mehrzahl) des Wortes.*

a) d oder t:	Hand	die Hand wegen die Hände
	Hun**d**	**der Hund wegen die Hunde**
	Wor**t**	**das Wort wegen die Wörter** *(oder:* **die Worte***)*
b) g oder k:	Bur**g**	**die Burg wegen die Burgen**
	Ta**g**	**der Tag wegen die Tage** *(oder:* **tagen***)*
	Spu**k**	**der Spuk wegen spuken**
c) b oder p:	Die**b**	**der Dieb wegen die Diebe**
	Lum**p**	**der Lump wegen die Lumpen**
	Stau**b**	**der Staub wegen stauben**

16. Lies den Text und setze die Satzzeichen (: , . ? ! „") ein.

Hinweis: *Satzzeichen gehören zu einem Satz und ordnen ihn. Häufig kann man einen Satz durch Satzzeichen besser verstehen.*
Der Punkt zum Beispiel beendet einen Satz. Beispiel: Ich esse.
Das Komma wird häufig bei Aufzählungen benutzt. Beispiel: Ich esse Spargel, Kartoffeln und Schinken.

Das Ausrufezeichen steht am Satzende, wenn der Satz eine Aufforderung oder ein Ausruf ist. Beispiele: Fang jetzt an zu essen! Oh, wie lecker!

Das Fragezeichen beendet einen Satz, wenn eine Frage gestellt wurde. Beispiel: Bekomme ich etwas zu essen?

Wörtliche Rede in einem Text zeigt, was eine oder mehrere Personen sagen oder denken. Sätze mit wörtlicher Rede bestehen aus einem Begleitsatz und der wörtlichen Rede. Die wörtliche Rede kann auch aus mehreren Sätzen bestehen. Man erkennt den Begleitsatz an bestimmten Signalwörtern wie „sagen", „fragen", „erklären", „sprechen", „äußern" oder „erwidern".

Steht der Begleitsatz am Anfang, trennt ein Doppelpunkt Begleitsatz und wörtliche Rede. Steht der Begleitsatz am Ende, trennt ein Komma wörtliche Rede und Begleitsatz.

Steht der Begleitsatz nach der wörtlichen Rede und würde am Ende der wörtlichen Rede ein Punkt stehen, so wird dieser weggelassen. Steht dort jedoch ein Frage- oder Ausrufezeichen, so wird das Satzzeichen geschrieben.

Beispiele:

Lukas fragt seinen Bruder: *„Warum willst du mir nicht deinen Ball leihen?“*

Begleitsatz — *wörtliche Rede*

„Warum willst du mir nicht deinen Ball leihen?“, *fragt Lukas seinen Bruder.*

wörtliche Rede — *Begleitsatz*

„Ich habe dir mein neues Auto auch geliehen“, *sagt Lukas darauf.*

wörtliche Rede — *Begleitsatz*

Felix und Moritz wollen in die Schule.

„Felix**!** Beeil dich**!** Ich will nicht schon wieder zu spät kommen“, ruft Moritz.

Felix antwortet**:** „Immer mit der Ruhe**,** großer Bruder**!** Ist es denn schon so spät**?**“

Daraufhin erwidert Moritz**:** „Und ob**!** Die erste Stunde beginnt in 10 Minuten.“

Doch da ist Felix schon fertig.

Ob sie es diesmal rechtzeitig schaffen**?**

Vierter Kompetenzbereich: Schreiben

Aufgabe 1

Schau dir die Schatzkarte sorgfältig an.
Beschreibe einem Freund den Weg vom Kreuz (unten links) bis zum Schatz möglichst genau.

Nutze dabei unterschiedliche Richtungsanweisungen (rechts, links, geradeaus, hinter, nach, vor oder auch die Himmelsrichtungen) und beschreibe den Weg mit verschiedenen Satzanfängen.

Hinweis: *Du hast deine Aufgabe gut erfüllt, wenn du folgende Punkte beachtet hast:*

- *Du hast den Weg so beschrieben, dass man ihn sich vorstellen kann, auch ohne die Karte zu sehen.*
- *Der Adressat, an den du geschrieben hast, ist ein Freund.*
- *Du hast verschiedene Wörter für „gehen" verwendet.*
- *Du hast verschiedene Richtungsanweisungen genutzt.*
- *Du hast abwechslungsreiche Satzanfänge verwendet.*
- *Du hast vollständige und ganze Sätze geschrieben.*
- *Du hast im Präsens (Gegenwart) geschrieben.*
- *Du hast leserlich geschrieben.*

Lösungsvorschlag:

Du startest an der Flussbiegung und gehst zwischen dem Bergkristall und dem großen Felsen in nördliche Richtung. Nach einiger Zeit führt dich der Weg zwischen den Palmen hindurch auf einen Wasserfall zu. Hier biegst du hinter der rechten Palme scharf rechts in südöstliche Richtung ab. Als Nächstes siehst du auf der linken Seite ein kleines Dorf mit Strohhütten und auf der rechten Seite einen alten Friedhof. Dazwischen musst du hindurchlaufen. Weiter geht der Weg zwischen einem Palmenwald auf der linken Seite und einer Höhle auf der rechten Seite. Hier hältst du dich weiter in nördlicher Richtung. Nun kommst du an ein paar Büschen auf der rechten Seite vorbei und kannst auf der linken Seite noch einmal einen Felsen sehen. Schräg rechts hinter diesem Felsen befindet sich die große Schatzkiste.

Aufgabe 2

Schreibe die Geschichte fertig.
Denke dabei an eine passende Überschrift, einen ausführlichen Hauptteil, einen spannenden Höhepunkt und an einen Schluss, der die Geschichte abrundet.

***Hinweis:** Du hast die Aufgabe gut gelöst, wenn du folgende Punkte beachtet hast:*
- *Du hast die Vorgaben der Einleitung sinnvoll weitergeschrieben.*
- *Du hast darauf geachtet, dass du Hauptteil, Höhepunkt und Schluss in deiner Geschichte hast.*
- *Du hast abwechslungsreiche Satzanfänge verwendet.*
- *Du hast vollständige und richtige Sätze geschrieben. (Die Grammatik und Rechtschreibung solltest du von deinen Eltern, deiner Lehrerin oder deinem Lehrer kontrollieren lassen.)*
- *Du hast in der Ich-Form geschrieben.*
- *Du hast die vorgegebene Zeit beibehalten, also weiterhin im Präsens (Gegenwart) geschrieben.*
- *Du hast wörtliche Reden benutzt und verschiedene Wörter für „sagen" verwendet.*
- *Du hast durch Adjektive (Wiewörter) deine Geschichte lebendiger gemacht.*
- *Die Sätze in deinem Text passen zusammen und wirken nicht „abgehackt".*
- *Du hast leserlich geschrieben.*

Lösungsvorschlag:

Das Geheimnis auf dem Dachboden

... Ich gehe hinauf und öffne die Tür. Die Tür knarrt entsetzlich. Hier ist bestimmt schon länger keiner mehr oben gewesen. Durch ein rundes Dachfenster scheint die Sonne durch und lässt den aufgewirbelten Staub gespenstisch glitzern. Ich gehe durch den Raum. Überall liegen ausrangierte Sachen: ein kaputter Besen, die Ritterburg meines Bruders, ein paar Blumenkübel und mein alter Kinderwagen. Ein besonders langer Lichtstrahl scheint in die hintere linke Ecke. Ich gehe ihm nach und vor mir steht eine große, dunkle Holztruhe. Plötzlich habe ich ein komisches Gefühl im Bauch. Ich murmele zu mir selbst: „Ich wollte doch nichts anstellen und nun das." Meine Hände nähern sich ganz von selbst dem dicken Schloss. Ohne Mühe kann ich es öffnen. Ich hebe den Truhendeckel an und vor mir liegen viele sonderbare Dinge. Briefmarkenalben, Münzen und eine wunderschöne alte Taschenuhr. Plötzlich höre ich eine Stimme: „Lilli, wo bist du?" Ich erschrecke und der Deckel fällt zu. So schnell ich kann, laufe ich zurück durch die Tür und die Treppe hinunter. Unten stehen meine Eltern und sehen mich vorwurfsvoll an. „Lilli, was machst du denn auf dem Dachboden? Wir haben dich gesucht!", sagt meine Mutter. Ich stottere: „Ich, ich weiß nicht. Da oben war ein Licht und eine Truhe und ich

hab reingeguckt und dann waren da so viele Sachen drin und diese tolle Uhr und ..." „Stopp, Lilli!", sagt mein Vater. „Wovon redest du denn überhaupt? Lass uns mal zusammen nachsehen." Wir gehen noch mal zusammen hoch und ich zeige meinen Eltern meine Entdeckung. Mit ihnen zusammen ist es gar nicht mehr so spannend. Meine Eltern sind erstaunt über die Truhe und ihren Inhalt. Die muss wohl dem verstorbenen Großvater gehört haben. Die Briefmarken und die Münzen werden verkauft. Meine Eltern freuen sich sehr über den Erlös. Die Taschenuhr aber, die darf ich selbst behalten. Und diesmal habe ich auch ganz sicher nichts angestellt, sagen meine Eltern.

Aufgabe 3

Sieh dir die Bilder genau an und schreibe eine Bildergeschichte dazu. Beachte dabei folgende Punkte:

- Halte die Reihenfolge der Bilder in deiner Geschichte ein.
- Gib den Figuren Namen.
- Baue wörtliche Reden ein.
- Wenn jemand deine Geschichte liest, muss er sie verstehen können, ohne die Bilder zu sehen.
- Überlege dir eine passende Überschrift.

Hinweis: *Du hast die Aufgabe gut gelöst, wenn du diese Punkte beachtet hast:*

- *Du hast die oben genannten Regeln beachtet:*
  - *Du hast die Reihenfolge der Bilder in deiner Geschichte eingehalten.*
  - *Du hast den Figuren Namen gegeben.*
  - *Du hast wörtliche Reden eingebaut.*
  - *Deine Geschichte ist auch für jemanden verständlich, der die Bilder nicht gesehen hat.*
  - *Du hast eine passende Überschrift geschrieben.*
- *Du hast vollständige und ganze Sätze geschrieben. (Grammatik und Rechtschreibung solltest du von deinen Eltern, deiner Lehrerin oder deinem Lehrer kontrollieren lassen.)*
- *Du hast fließende Übergänge zwischen den Bildern gefunden.*
- *Du hast unterschiedliche Satzanfänge geschrieben und verschiedene Wörter für „sagen" benutzt. Du hast Adjektive (Wiewörter) zur Beschreibung eingebaut.*
- *Du hast besonders die sich wiederholende Situation verdeutlicht, in der sich erst der Sohn und dann der Vater befindet.*
- *Du hast den Schluss der Geschichte treffend ausgedrückt.*
- *Du hast einheitlich in einer Zeitform geschrieben (Gegenwart oder Vergangenheit).*
- *Du hast leserlich geschrieben.*

Lösungsvorschlag:

Verkehrte Welt

Es ist Abend. Der Vater sitzt am Tisch vor dem köstlich duftenden Essen. „Marie?“, bittet er seine Frau. „Kannst du mir bitte schon mal was auf den Teller geben?“ Die Mutter antwortet: „Nein, nein, noch nicht.“ Dabei nimmt sie drohend den Zeigefinger in die Luft. „Nicht bevor wir vollständig sind. Ein Platz ist noch leer, unser Sohn ist noch nicht da. Bitte sieh mal nach, wo er bleibt!“, sagt sie. Der Vater macht sich auf den Weg in das Zimmer seines Sohnes. Florian liegt auf der Erde und ist in ein Buch vertieft. Der Vater fragt: „Florian, hast du uns nicht gehört? Das Essen ist fertig. Wir wollen anfangen. Komm bitte in die Küche!“ Florian geht mit gesenktem Kopf aus dem Zimmer.
Er weiß, dass er erst essen muss, bevor er die spannende Abenteuergeschichte weiterlesen kann. Der Vater wirft noch einen Blick auf das Buch, das seinen Sohn so gefesselt hat. Unterdessen sitzt Florian mit seiner Mutter vor dem immer noch verführerisch duftenden Essen. Die Mutter denkt: „Das darf doch jetzt nicht wahr sein! Wo bleibt denn nun mein Mann?“ Sie warten noch eine Weile, das Essen ist mittlerweile kalt geworden, dann schickt die Mutter ihren Sohn, um nach dem Vater zu sehen: „Sieh mal nach, wo jetzt dein Vater bleibt!“ Florian tut, was seine Mutter ihm aufgetragen hat, und macht sich auf den Weg in sein Zimmer. Dort angekommen traut er seinen Augen nicht: Sein Vater liegt nun auf der Erde, schaukelt seine Beine genüsslich hin und her und ist vertieft in SEIN Buch.

Aufgabe 4

Nächste Woche soll für deine Klasse eine Lesenacht stattfinden. Leider haben zwei deiner Mitschüler den Unterricht so sehr gestört, dass die Lehrerin die Lesenacht jetzt ausfallen lassen möchte.

Du bist die Klassensprecherin/der Klassensprecher. Schreibe im Auftrag deiner Klasse einen Brief an die Lehrerin, in dem du ihr erklärst, warum die Lesenacht deiner Meinung nach stattfinden sollte. Finde möglichst viele passende Argumente.

***Hinweis:** Du hast die Aufgabe gut erfüllt, wenn du folgende Punkte beachtet hast:*
- *Du hast den Brief mit Datum und Anrede begonnen, den Text in verschiedene Abschnitte eingeteilt und einen Gruß und deinen Namen daruntergesetzt.*
- *Du hast treffende Argumente für die Durchführung der Lesenacht verständlich aufgeführt.*

- *Du hast an das Verständnis der Lehrerin appelliert.*
- *Die Adressatin, an die du durchgehend geschrieben hast, ist deine Lehrerin.*
- *Du hast abwechslungsreiche Satzanfänge verwendet.*
- *Du hast vollständige und richtige Sätze geschrieben.*
- *Du hast leserlich geschrieben.*

Lösungsvorschlag:

Marienborn, 20. Juni 2019

Liebe Frau Siewert,

wir sind sehr traurig darüber, dass die Lesenacht nächste Woche ausfallen soll. Natürlich können wir sehr gut verstehen, dass Sie sich über das Verhalten von Alex und Michi geärgert haben. Trotzdem möchten wir Sie bitten, es sich noch einmal anders zu überlegen.
Die ganze Klasse freut sich schon seit Wochen auf die Lesenacht und wir haben im Unterricht schon ganz viel dafür vorbereitet. Unsere Mütter, die für das Abendessen sorgen wollen, haben dafür schon eingekauft und die Arbeit aufgeteilt. Außerdem finden wir, dass es nicht gerecht ist, die ganze Klasse für das Verhalten von zwei Schülern verantwortlich zu machen. Alex und Michi tut es auch sehr leid und sie würden sich gerne bei Ihnen entschuldigen. Bitte überlegen Sie sich Ihre Entscheidung noch mal! Die Klasse wird alles dafür tun, dass es dann eine tolle und gelungene Veranstaltung wird.

Mit freundlichen Grüßen

Manuela Sonnenschein (im Namen der Klasse 3a)

Fünfter Kompetenzbereich: Zuhören

Aufgabe 1

Transkript von Track 3:

Die Perle

Langsam trieb das kleine Segelboot in den See. Biba bemerkte es nicht. Er hatte nur noch Augen für die Muschel, die er beim Spielen gefunden hatte. Er betrachtete und beschnupperte sie von allen Seiten. Kaum zu glauben: Es war eine Flussperlmuschel. Er hatte einen Schatz gefunden – oder richtiger: eine Schatztruhe. Denn Biba zweifelte nicht daran, dass in der Muschel eine Perle war; das verriet doch schon der Name. Überglücklich presste er die Muschel an sein pochendes Biberherz, schloss die Augen und begann zu träumen …

Seine Freundinnen und Freunde bestaunten und bewunderten ihn. „Biba ist der größte Schatz im Wald", dachten sie und wurden blass vor Neid. Als sie ihn fragten, woher die Perle sei, stotterte Biba: „Aus dem Wald. Beim Holzfällen gefunden. Weit weg. Weit weg."

Seine Freunde glaubten ihm nicht. Sie sagten: „Perlen findet man in Muscheln, im See – und nicht im Wald." Sie ließen ihn stehen und begannen im seichten Uferwasser zu suchen.

„Das ist mein See!", schrie Biba. „Ich habe den Staudamm gebaut! Die Muscheln gehören mir!"

Niemand kümmerte sich um sein Zetern. Nur der Bär wurde wütend und brummte drohend: „Und womit hast du deinen Staudamm gebaut? Mit unserem Wald! Deshalb gehört der See mit allen Muscheln und Perlen uns."

Hilflos musste Biba zusehen, wie sich immer mehr Tiere an der Schatzsuche beteiligten. Und da manche von ihnen nicht schwimmen oder gar tauchen konnten, rissen sie Bibas Damm ein. Der See lief leer.

Bis zu den Knien steckten die Schatzsucher im Sand und Schlamm, zankten sich um jede Muschel und bewarfen sich mit Dreck.

Als die Nacht hereinbrach, entzündeten sie ein großes Feuer. Sie hatten Angst, dass Eulen und Fledermäuse im Schutze der Dunkelheit ihre Muscheln rauben könnten. Müde und misstrauisch hielten sie Nachtwache.

Plötzlich kam Wind auf, fuhr in die Glut und blies die Funken bis in den Wald und auf Bibas Strohdach. Das Feuer fraß sie alle – auch Biba und die Perle.

Biba schreckte hoch aus seinem Traum. Nachdenklich beäugte er die ungeöffnete Muschel. Dann holte er weit aus und flippte sie wie einen

Kieselstein zurück in den See. Bevor sie versank, tanzte sie siebenmal über das Wasser. Das hatte Biba noch nie geschafft.
Zufrieden schwamm er hinter seinem kleinen Segelboot her, das schon fast das gegenüberliegende Ufer erreicht hatte. Seine Freundinnen und Freunde warteten schon.

Aus: Helme Heine: Die Perle. München: Middelhauve, 1998.

1.1 Woher weiß Biba, dass in der Muschel eine Perle ist?

Hinweis: *In der Geschichte konntest du hören: „Er betrachtete und beschnupperte sie von allen Seiten. Kaum zu glauben: Es war eine Flussperlmuschel. Er hatte einen Schatz gefunden – oder richtiger: eine Schatztruhe. Denn Biba zweifelte nicht daran, dass in der Muschel eine Perle war; das verriet doch schon der Name."*

- ☐ Biba hat die Muschel geöffnet und die Perle gesehen.
- ☐ Die Tiere haben ihm gesagt, dass eine Perle darin ist.
- ☒ Biba vermutet nur, dass in der Muschel eine Perle ist.
- ☐ Weil in allen Muscheln, die Biba schon gefunden hat, eine Perle war.

1.2 Nachdem Biba die Muschel gefunden hat, …

Hinweis: *In der Geschichte konntest du hören: „Überglücklich presste er die Muschel an sein pochendes Biberherz, schloss die Augen und begann zu träumen …"*

- ☐ baut er weiter an seinem Staudamm.
- ☐ schwimmt er zu seinen Freunden.
- ☐ sucht er nach weiteren Muscheln.
- ☒ hat er einen Traum.

1.3 Wieso sagt Biba, dass er die Muschel im Wald beim Holzfällen gefunden hat?

Hinweis: *In der Geschichte konntest du hören: „Seine Freundinnen und Freunde bestaunten und bewunderten ihn. ‚Biba ist der größte Schatz im Wald', dachten sie und wurden blass vor Neid. (…) Sie ließen ihn stehen und begannen im seichten Uferwasser zu suchen."*

Biba hat gelogen, als er erzählt hat, dass er die Muschel im Wald gefunden hat, weil er gemerkt hat, dass die Tiere ganz neidisch wurden. Er hatte Angst, dass die Tiere auch Muscheln suchen könnten.

1.4 Biba wirft die Muschel am Ende der Geschichte wieder ins Wasser. Warum tut er das?

Hinweis: *In der Geschichte konntest du hören: „Nachdenklich beäugte er die ungeöffnete Muschel. (…) Zufrieden schwamm er hinter seinem kleinen Segelboot her, das schon fast das gegenüberliegende Ufer erreicht hatte. Seine Freundinnen und Freunde warteten schon."*

Biba hat in seinem Traum gesehen, was alles passieren kann, wenn einer etwas besitzt, auf das die anderen neidisch sind. Die Freundschaft zu den anderen Tieren ist ihm wichtiger, daher verzichtet er auf die Muschel.

1.5 Welche Eigenschaft passt?
Die Tiere in Bibas Traum sind …

Hinweis: *Gierig ist jemand, der unbedingt etwas haben möchte, und das trifft auf die Tiere in Bibas Traum zu. Sie wollen auch unbedingt eine Muschel mit Perle besitzen. Alle anderen Eigenschaften passen nicht, die darfst du also nicht ankreuzen.*

- [x] gierig.
- [ ] traurig.
- [ ] ehrlich.
- [ ] ängstlich.

1.6 Glaubst du, dass Biba das Richtige getan hat?
Begründe deine Meinung.

Hinweis: *Hier sollst du deine eigene Meinung aufschreiben. Du kannst glauben, dass Biba das Richtige getan hat, oder auch nicht. Wichtig ist, dass du*

Gründe für deine Meinung aufschreibst. Achte auch auf die Rechtschreibung und die richtige Groß- und Kleinschreibung.

Lösungsvorschläge:

Ich glaube, dass Biba das Richtige getan hat, als er die Muschel zurück ins Wasser geworfen hat, denn er hat in seinem Traum gesehen, was alles Schlimmes passieren kann, wenn die Tiere neidisch und gierig auf seinen Schatz werden.

Ich glaube nicht, dass Biba das Richtige getan hat, als er die Muschel zurück ins Wasser geworfen hat. Erstens weiß er ja nicht, ob die Tiere sich auch wirklich so verhalten hätten, und zweitens hat er die Muschel ja noch nicht geöffnet und weiß nicht, ob sie wirklich eine Perle enthält.

Aufgabe 2

Transkript von Track 4:

Eine kleine Luftgeschichte
Es ist ein heißer Sommertag. Schwer brütet die Hitze über dem Städtchen. Die Leute stöhnen und wischen sich den Schweiß von der Stirn. „Wie langweilig!“, denkt das kleine Lüftchen, das von weit oben hinunterschaut. All seine Kameraden halten brav ihr Mittagsschläfchen. „Diese Transusen! Hocken da und warten, bis der Abendwind sie holt.“ Das Lüftchen kann einfach nicht mehr stillsitzen. Und weil es ein rechter Luftikus ist und sich was traut, saust es mit einem frechen Pfeifen hinunter.
„Das tut gut!“, freut sich eine alte Frau, als es an ihrem verrunzelten Gesicht vorbeistreicht. „Hoppla!“, ruft ein junges Mädchen, dem das Lüftchen den Rockzipfel anhebt. „Verflixt noch mal!“, schimpft ein Mann, dem es das Streichholz auspustet. „Das macht Spaß!“, jauchzt das kleine Lüftchen und schnappt sich einen Papierflieger, der aus dem Schulhaus herabflattert. „Schaut mal, wie toll der fliegt!“, ruft ein kleiner Junge. Da laufen alle Kinder zum Fenster. Jetzt zeigt das Lüftchen, was es kann: Es lässt den Flieger elegant gleiten, schwindelerregend in die Höhe steigen, gefährlich herabtrudeln und gewagte Loopings drehen. Die Kinder staunen! Aber da läutet die Schulglocke. Schnell verschwinden sie vom Fenster und setzen sich in ihre Bänke. Enttäuscht lässt das Lüftchen sein Spielzeug zu Boden fallen.
An der Ecke spielt ein Mann Akkordeon. Wusch!, saust es in das Instrument hinein. Singend und pfeifend kommt es wieder heraus. Voller Übermut tanzt es auf der Straße und bläst einem älteren Herrn den

Strohhut vom Kopf. „Na so was!", sagt der und bückt sich. „Es hat sich doch heute den ganzen Tag noch kein Lüftchen gerührt." Da kichert das Lüftchen frech.
Der See im Stadtpark liegt ruhig in der sengenden Hitze. „Badewetter!", ruft das Lüftchen, kühlt sich ein bisschen ab und treibt kleine Wellen vor sich her. Neugierig streckt ein Karpfen den Kopf aus dem Wasser, er schnappt dankbar nach Luft. Ein Schmetterling flattert matt auf der Rosenhecke. „Nur keine Müdigkeit vortäuschen!", muntert ihn das Lüftchen auf, haucht ihn zärtlich an und trägt ihn ein Weilchen durch die Luft. Bunt schillern die prächtigen Flügel des Falters in der Sonne. „Was ist die Welt doch schön!", freut sich das Lüftchen.
Aber!
Da kommt ein kleiner Junge. Der holt tief, tief Luft und atmet das Lüftchen einfach ein. Oje! Er bläht die Backen auf und bläst das Lüftchen in einen großen, roten Luftballon. Blitzschnell knotet er ihn zu. Das Lüftchen sitzt im Gummigefängnis. Ade, du schöne Welt! Der Junge wirft den Ballon hoch, kickt mit dem Fuß nach ihm und jagt ihn immer hin und her. Dem armen Lüftchen wird ganz schlecht.
Doch auf einmal ist dem Lüftchen, als würde der Ballon hochgetragen, immer weiter und weiter. Durch die Gummiwand hört es leise das sanfte Rauschen des Abendwinds. Da schwillt das Lüftchen plötzlich an.
Es wird größer und größer. Im Ballon wird es enger und enger. Er dehnt und dehnt sich.
Dann gibt es einen lauten Knall und der Luftballon zerplatzt!
Juhu!
Das Lüftchen streckt und reckt sich und pustet die roten Ballonfetzen schnell weg. „Danke, lieber Abendwind!", ruft es erleichtert. „Ich will auch kein Luftikus mehr sein!" Na, wir werden ja sehen!

Brigitte Endres: Eine kleine Luftgeschichte (leicht verändert).
www.brigitte-endres.de

2.1 Das kleine Lüftchen ist …

Hinweis: *In der Geschichte konntest du z. B. hören: „Voller Übermut tanzt es auf der Straße und bläst einem älteren Herrn den Strohhut vom Kopf." Das kleine Lüftchen ist also übermütig, die zweite Antwort ist daher richtig. Die anderen Adjektive (Wiewörter) passen nicht, daher darfst du sie nicht ankreuzen.*

- ☐ langweilig.
- ☒ übermütig.
- ☐ brav.
- ☐ wütend.

2.2 Das kleine Lüftchen …

Hinweis: *In der Geschichte konntest du hören: „‚Verflixt noch mal!'", schimpft ein Mann, dem es das Streichholz auspustet." Aussage 1 stimmt also. Außerdem konntest du hören: „Es lässt den Flieger elegant gleiten (…)." Aussage 2 stimmt also ebenfalls. Aussage 4 stimmt auch, denn in der Geschichte heißt es: „‚Badewetter!', ruft das Lüftchen, kühlt sich ein bisschen ab und treibt kleine Wellen vor sich her." Aussage 3 ist falsch, weil das kleine Lüftchen einen Schmetterling und keinen Vogel durch die Luft trägt. Aussage 5 stimmt auch nicht, weil das kleine Lüftchen auf einem Akkordeon und nicht auf einer Gitarre spielt.*

	stimmt	stimmt nicht
pustet ein Streichholz aus.	☒	☐
lässt einen Papierflieger gleiten.	☒	☐
trägt einen Vogel durch die Luft.	☐	☒
kühlt sich im Wasser ab.	☒	☐
spielt auf einer Gitarre.	☐	☒

2.3 Welche Figuren kommen in der Geschichte vor?

Hinweis: *In der Geschichte konntest du hören: „‚Hoppla!', ruft ein junges Mädchen, dem das Lüftchen den Rockzipfel anhebt." Die erste Figur kommt also vor. Über die dritte Figur konntest du hören: „(…) und bläst einem älteren Herrn den Strohhut vom Kopf." Figur 5 kommt ebenfalls vor, denn in der Geschichte heißt es: „Da kommt ein kleiner Junge (…) und bläst das Lüftchen in einen großen, roten Luftballon." Die Figuren 2 und 4 kommen nicht in der Geschichte vor. Bei Figur 6 musst du auch „kommt nicht vor" ankreuzen, denn es kommen zwar ein Karpfen und ein Papierflieger in der Geschichte vor, aber nicht beide zusammen.*

	kommt vor	kommt nicht vor
ein junges Mädchen mit einem Rock	☒	☐
ein kleines Mädchen mit einem Eis	☐	☒
ein älterer Herr mit Strohhut	☒	☐
eine schöne Dame mit Sonnenhut	☐	☒
ein kleiner Junge mit Luftballon	☒	☐
ein Karpfen mit Papierflieger	☐	☒

2.4 Die meisten Menschen und Tiere in der Geschichte freuen sich über das kleine Lüftchen. Warum?

Hinweis: *In der Geschichte konntest du z. B. hören: „‚Das tut gut!', freut sich eine alte Frau (...)." „‚Schaut mal, wie toll der fliegt!', ruft ein kleiner Junge." „Neugierig streckt ein Karpfen den Kopf aus dem Wasser, er schnappt dankbar nach Luft."*

Es ist sehr heiß an dem Tag, daher freut sich zum Beispiel die alte Frau über eine Abkühlung. Die Kinder in der Schule freuen sich darüber, wie toll der Papierflieger fliegt und dem Karpfen hilft das kleine Lüftchen, besser Luft zu bekommen.

2.5 „Eine kleine Luftgeschichte" ist eine ...

Hinweis: *In der kleinen Luftgeschichte wird das kleine Lüftchen als denkende und bewusst handelnde Figur beschrieben. Die gibt es in Wirklichkeit nicht, deshalb handelt es sich um eine Fantasiegeschichte.*

- ☐ Sachgeschichte.
- ☐ Tiergeschichte.
- ☒ Fantasiegeschichte.
- ☐ Erfahrungsgeschichte.

2.6 Das kleine Lüftchen bedankt sich am Ende der Geschichte beim Abendwind. Warum?

Hinweis: *In der Geschichte konntest du hören: „Doch auf einmal ist dem Lüftchen, als würde der Ballon hochgetragen, immer weiter und weiter. Durch die Gummiwand hört es leise das sanfte Rauschen des Abendwinds. Da schwillt das Lüftchen plötzlich an. Es wird größer und größer. Im Ballon wird es enger und enger. Er dehnt und dehnt sich. Dann gibt es einen lauten Knall und der Luftballon zerplatzt! Juhu!"*

Als das kleine Lüftchen im Luftballon gefangen war, kam der Abendwind und wehte es hoch in die Luft. Dort schwoll es an, der Luftballon platzte und das kleine Lüftchen war befreit. Dafür dankte es dem Abendwind.

2.7 Jonas sagt: „Ich mag das kleine Lüftchen. Es ist nicht so langweilig wie seine schlafenden Kameraden."

Ist das auch deine Meinung? Begründe.

***Hinweis:** Hier sollst du deine eigene Meinung aufschreiben. Du kannst Jonas zustimmen oder auch nicht – wichtig ist, dass du Gründe für deine Meinung aufschreibst. Achte auch auf die Rechtschreibung und die richtige Groß- und Kleinschreibung.*

Lösungsvorschläge:

Ja, ich mag das kleine Lüftchen auch. Seine Kameraden schlafen brav und das kleine Lüftchen erlebt Abenteuer und ist dabei immer frech und fröhlich. Das ist doch viel spannender.

Nein, ich mag das kleine Lüftchen nicht. Es stimmt zwar, dass seine Kameraden langweiliger sind, aber das kleine Lüftchen bringt sich durch seine Aktionen selbst in Gefahr und muss vom Abendwind gerettet werden. Ich finde, das kleine Lüftchen muss sich auch an Regeln halten.

Aufgabe 3

Transkript von Track 5:

Alle Vögel sind schon da

„Bei uns, wenn das Fenster morgens auf ist, hören wir auch immer, halt, die Amsel.“ „Die fangen eigentlich ganz frühmorgens auch schon an.“ „Um 5 Uhr fangen die an, glaub ich, so, oder 4.“ „Vögel sind richtige Frühaufsteher. Selbst wenn es noch gar nicht richtig hell ist, legen sie schon los und zwitschern, trillern und piepsen, was das Zeug hält. Mit ihrem Gesang wollen sie Eindruck machen.“ „Ich glaub, die singen immer, weil die Weibchen anlocken wollen.“ „Die Männchen, die unterhalten sich dann von Baum zu Baum, so. Die plustern sich dann auch immer auf und zeigen dann ganz oft ihre Farben und so.“ „Tatsächlich singen nur die Vogelmännchen, erklärt der Vogelexperte Hans-Heiner Bergmann aus Bad Arolsen.“ „Der Gesang hat also zwei Funktionen: einerseits das Revier markieren, andererseits Weibchen anziehen. Und deswegen ist es wichtig und gut, dass sie schön singen. Die Weibchen mögen das, wenn die Männchen schön singen. Und je besser, je vielgestaltiger, je schöner die singen, desto eher kann so ein Männchen ein Weibchen anziehen und dann sind die beiden ein Herz und eine Seele und können gemeinsam brüten, können auch früh anfangen und so und schaffen das dann auch, eine Brut großzuziehen.“ „Im Frühling paaren sich die Vögel, bauen ein Nest, legen Eier und brüten sie aus. Deshalb singen die Vogelmännchen in dieser Jahreszeit besonders viel. Aber auch, wenn die jungen Vögel schon geschlüpft sind, trällern ihre Papas noch eine Weile weiter." „Ich glaub, die singen halt auch, weil die den Jungvögeln das Singen beibringen müssen. Also, dass die singen und die hören dann zu irgendwie." „Dann können die Kinder, die Söhne vor allem, lernen, wie man singt, und die Töchter können lernen, wie sich Gesang anhört, der von der eigenen Art ist, und können später den richtigen Gesang erkennen." „Wenn die Kinder dann aber aus dem Nest sind, können sich die fleißigen Vogeleltern mal wieder um sich selbst kümmern." „Dann gehen auch die meisten Vögel in die Mauser. Mausern heißt erneuern des Gefieders, sie müssen also die alten Federn abstoßen, die neuen wachsen lassen. Da müssen sie auch versteckt leben und können nicht draußen irgendwo laut herumsingen, weil, wenn ich oben auf dem Dach sitze, auf der Antenne wie ein Hausrotschwanz, und singe schön laut, dann bin ich natürlich für jeden auch sichtbar, auch für den Sperber, der unter Umständen interessiert ist, so einen kleinen Vogel zu fangen und aufzufressen." „Klar, dass die Singvögel da lieber in der Deckung bleiben. Und wenn der Sperber doch mal in die Nähe kommt, warnen sie sich gegenseitig mit einem hohen Alarmruf, den Greifvögel nicht hören können."

Aus: Verena von Keitz: Alle Vögel sind schon da. Warum singen Vögel? Deutschlandradio Kakadu

3.1 Wer oder was ist alles in der Radiosendung zu hören? Kreuze alle richtigen Antworten an.

Hinweis: *Du kannst im Hintergrund der Radiosendung Vogelgezwitscher hören. Außerdem sprechen verschiedene Kinder und der Vogelexperte Hans-Heiner Bergmann. Eine Deutschlehrerin kannst du nicht hören, wohl aber eine Radiomoderatorin, doch die steht hier nicht zur Auswahl.*

- [x] Vogelgezwitscher
- [x] ein Vogelexperte
- [ ] eine Deutschlehrerin
- [x] Kinder

3.2 Welche Funktionen hat der Gesang des Vogelmännchens?

Hinweis: *Diese beiden Funktionen erklärt der Vogelexperte Hans-Heiner Bergmann relativ früh in der Sendung: „Der Gesang hat also zwei Funktionen: einerseits das Revier markieren, andererseits Weibchen anziehen."*

1. **das Revier markieren**
2. **Weibchen anziehen**

3.3 Hannah sagt: „Die Vogelmännchen können doch singen, wie sie wollen. Das ist den Vogelweibchen ganz egal."
Greta sagt: „Das stimmt doch gar nicht!"

Stimmst du Greta zu? Begründe mithilfe der Radiosendung.

Hinweis: *Wenn in der Aufgabe steht, dass du etwas „mithilfe der Radiosendung" begründen sollst, ist es wichtig, dass du Wörter oder Inhalte aus der Sendung verwendest, um deine Meinung zu begründen. Im Beitrag konntest du hören: „Und deswegen ist es wichtig und gut, dass sie schön singen. Die Weibchen mögen das, wenn die Männchen schön singen. Und je besser, je vielgestaltiger, je schöner die singen, desto eher kann so ein Männchen ein Weibchen anziehen (...)."*

Ich stimme Greta zu, denn im Beitrag wird gesagt, dass die Männchen besonders schön singen müssen, damit sie die Weibchen anziehen.

3.4 In welcher Jahreszeit und warum genau dann singen die Männchen besonders schön?

Hinweis: *In der Sendung konntest du hören: „Im Frühling paaren sich die Vögel, bauen ein Nest, legen Eier und brüten sie aus. Deshalb singen die Vogelmännchen in dieser Jahreszeit besonders viel."*

Die Männchen singen im Frühling besonders viel, weil dann die Paarungszeit der Vögel ist.

3.5 Warum singen die Vogelmännchen weiter, wenn die Vogelküken geschlüpft sind?

Hinweis: *In der Sendung konntest du hören: „Aber auch, wenn die jungen Vögel schon geschlüpft sind, trällern ihre Papas noch eine Weile weiter. (...) Dann können die Kinder, die Söhne vor allem, lernen, wie man singt (...)."*

- ☐ Sie wollen das Vogelweibchen auch weiterhin locken.
- ☐ Weil ihnen das Singen so viel Spaß macht.
- ☒ Damit die Vogelküken den Vogelgesang erlernen können.
- ☐ Die Vogelmännchen singen nicht mehr weiter, wenn die Küken geschlüpft sind.

3.6 „Mauser" ist, wenn die Vögel …

Hinweis: *In der Sendung konntest du hören: „Mauser heißt erneuern des Gefieders, sie müssen also die alten Federn abstoßen, die neuen wachsen lassen."*

- ☐ Mäuse fangen.
- ☒ ihre Federn verlieren.
- ☐ Junge bekommen.
- ☐ laut zwitschern.

3.7 Bei der Radiosendung geht es hauptsächlich um …

Hinweis: *Um den Sperber und Feinde der Singvögel geht es zwar auch in dem Beitrag, aber nur relativ kurz ziemlich am Ende. Daher kann man nicht sagen, dass es in der Radiosendung hauptsächlich darum geht. Allgemein Tiere im Wald thematisiert der Beitrag auch nicht. Es geht hauptsächlich um den Gesang der Vögel, diese Antwort musst du ankreuzen.*

- ☐ den Sperber.
- ☐ die Feinde der Singvögel.
- ☐ die Tiere im Wald.
- ☒ den Gesang der Vögel.

3.8 Die Radiosendung ist …

Hinweis: *Dass die zweite Antwort richtig ist, erkennst du daran, dass in der Radiosendung viele Dinge zu einem Thema (dem Gesang der Vögel) genau erklärt werden.*

- ☐ eine Autorenlesung.
- ☒ eine Wissenssendung.
- ☐ eine Quizshow.
- ☐ Keine der Antworten ist richtig.

Aufgabe 4

Transkript von Track 6:

Warum speien Vulkane Feuer?
Vulkane können Tausende von Jahren still und friedlich schlafen. Aber sie können auch, wenn sie plötzlich erwachen, ganze Landstriche verwüsten. Bei einem Vulkanausbruch drängen unvorstellbare Kräfte aus dem Erdinnern hervor, werden Glut und Asche kilometerweit in den Himmel geschleudert, ungeheure Rauchwolken hängen über dem Krater, und schwarz glühende Lava fließt in einem langen, alles verbrennenden und unter sich begrabenden Strom den Berg hinunter.
Wie Vulkane entstehen, warum es zu Vulkanausbrüchen kommt und was dabei passiert, erforschen Mineralogen und Vulkanologen. Ihre Arbeit kann lebensrettend sein. Wenn sie einen Vulkanausbruch vorhersagen, können sich die Menschen, die in der Nähe des Vulkans leben, in Sicherheit bringen.
Dennoch kommen bei großen Vulkanausbrüchen immer wieder Menschen ums Leben und werden viele Häuser zerstört. Deshalb bleibt es so wichtig, Vulkane zu beobachten.
Ein ganzer Berg, der Feuer speit, ist das Aufregendste an Feuer, was es gibt. Bilder von einem Vulkanausbruch vergisst man nicht so schnell. Wer mit einem Flugzeug über einen Krater fliegt und unter sich einen See mit glühender brodelnder Lava sieht, hat das Gefühl, ins Innere der Erde zu blicken. Wir wissen zwar, dass die Erde eine Kugel ist. Aber dass sie voller brodelnder Masse stecken könnte, daran denken wir nicht so gern.
Auch tief im Meer gibt es Vulkane, die Lava und schwarze Rauchwolken ausstoßen, obwohl es doch unter Wasser eigentlich kein Feuer geben dürfte. Und es gibt Inseln, die entstanden sind, weil Vulkane eines Tages aus dem Meer auftauchten.
So verschieden die Vulkane auch sein mögen, eines haben sie alle gemeinsam. Sie entstehen, weil eine heiße Masse aus dem Erdinnern nach oben drängt: Magma.
Schon das Wort Magma klingt sehr geheimnisvoll. Es kommt aus der griechischen Sprache und bedeutet so viel wie Masse oder Brei. Geologen bezeichnen mit Magma das geschmolzene Gestein, das sich in der Erde befindet. Magma ist ein Wort, das man sich unbedingt merken sollte, wenn man etwas über Vulkane lernen will. Ohne Magma gäbe es nämlich überhaupt keine Vulkane. Magma steckt im Innern aller aktiven Vulkane und brodelt vor sich hin, bis es schließlich aus einem Vulkan herauskommt. Sobald das Magma an die Erdoberfläche dringt, bekommt es einen anderen Namen. Nun heißt es Lava, und was das ist,

weiß jeder, der schon mal auf Lanzarote gewesen ist oder in einem Vulkanpark wie in der Eifel. Lava ist ein schwarzer und manchmal glühender Brei, der ganz starr wird, wenn er abkühlt.
Man könnte sagen, dass Lava so etwas ist wie die Spucke der Erde, die sich von unserer Spucke allerdings dadurch unterscheidet, dass sie glühend heiß ist. Wissenschaftler schauen sich die Lava genau an, denn mit ihrer Hilfe kann man verstehen, wie es im Innern der Erde aussieht. Außer der Lava kommen auch noch jede Menge Gase, Schlacke und Asche aus der Erde. Das wird natürlich auch alles untersucht.
Vulkane sind also Stellen, an denen glutflüssiges, geschmolzenes Gestein aus dem Erdinnern an die Oberfläche austritt. Wo ein Vulkan ist, gibt es also eine direkte Verbindung von der Oberfläche der Erde in ihr Inneres. Vulkane sind massive Berge, die zum allergrößten Teil aus erkalteter, also steinharter Lava bestehen.

Aus: Ulrich Janßen und Ulla Steuernagel: Die Kinder-Uni 1, Forscher erklären die Rätsel der Welt. München: Deutscher Taschenbuch Verlag, 2005 (3. Kapitel, gekürzte Version).

4.1 Was kommt bei einem Vulkanausbruch **nicht** aus dem Krater?

Hinweis: *Du konntest im Text hören: „…werden Glut und Asche kilometerweit in den Himmel geschleudert (…). Außer der Lava kommen auch noch jede Menge Gase, Schlacke und Asche aus der Erde.“ Von austretendem Wasser ist nicht die Rede.*

- ☐ Glut
- ☐ Asche
- ☐ Gase
- ☒ Wasserdampf

4.2 Im Text kannst du hören, …

Hinweis: *Zur ersten Aussage hörst du im Text: „Wir wissen zwar, dass die Erde eine Kugel ist.“ Die zweite und die fünfte Aussage stimmt auch, denn im Text hörst du: „Auch tief im Meer gibt es Vulkane (…) Und es gibt Inseln, die entstanden sind, weil Vulkane eines Tages aus dem Meer auftauchten.“*

	stimmt	stimmt nicht
dass die Erde eine Kugel ist.	☒	☐
dass es auch im Meer Vulkane gibt.	☒	☐
dass Lava immer kalt ist.	☐	☒
dass von Vulkanen keine Gefahr ausgeht.	☐	☒
dass es Vulkaninseln gibt.	☒	☐

4.3 Im Text wird erklärt, dass Vulkanologen und Mineralogen erforschen, wie ein Vulkan entsteht und warum es zu Vulkanausbrüchen kommt. Warum ist die Arbeit der Forscherinnen und Forscher so wichtig?

Hinweis: *Im Text kannst du hören: „… Ihre Arbeit kann lebensrettend sein. Wenn sie einen Vulkanausbruch vorhersagen, können sich die Menschen, die in der Nähe des Vulkans leben, in Sicherheit bringen. Dennoch kommen bei großen Vulkanausbrüchen immer wieder Menschen ums Leben und werden viele Häuser zerstört. Deshalb bleibt es so wichtig, Vulkane zu beobachten."*

Manchmal gelingt es den Forscherinnen und Forschern, einen Vulkanausbruch vorherzusagen. Das ist wichtig, damit sich die Menschen, die in der Nähe des Vulkans wohnen, in Sicherheit bringen können.

4.4 a) Wie heißt die heiße Masse, die bei einem Vulkanausbruch aus dem Innern des Kraters nach oben drängt?

Magma

b) Wie ändert sich der Name der heißen Masse, sobald sie an die Erdoberfläche gelangt?

Hinweis: *Im Text kannst du hören: „Magma steckt im Innern aller aktiven Vulkane und brodelt vor sich hin, bis es schließlich aus einem Vulkan herauskommt. (…). Sobald das Magma an die Erdoberfläche dringt, bekommt es einen anderen Namen. Nun heißt es Lava."*

Lava

4.5 Der Hörtext „Warum speien Vulkane Feuer" …

Hinweis: *Im Text hörst du zwar, wie wichtig die Arbeit von Mineralogen und Vulkanologen ist, über einen bestimmten wird aber nicht berichtet. Weiterhin wird zwar erzählt, wie eindrucksvoll der Flug über einen Vulkankrater sein kann und die Insel Lanzarote wird als Beispiel für eine Vulkaninsel genannt, der gesamte Text ist aber eine Abhandlung über Vulkanausbrüche.*

- [ ] ist ein Text über einen bekannten Mineralogen und Vulkanologen.
- [ ] ist ein Bericht über die Vulkaninsel Lanzarote.
- [x] ist ein Sachtext über Vulkanausbrüche.
- [ ] handelt von einem Flug über einem Vulkan.

4.6 Im Text steht, dass sich die Wissenschaftler die Lava genau ansehen, um mit ihrer Hilfe zu verstehen, wie es im Innern der Erde aussieht. Wieso tauchen sie nicht einfach mit einem U-Boot durch den Krater ins Innere der Erde?

Hinweis: *Im Text kannst du hören: „Man könnte sagen, dass Lava so etwas ist wie die Spucke der Erde, die sich von unserer Spucke allerdings dadurch unterscheidet, dass sie glühend heiß ist."*

Das ist zwar eine gute Idee, weil Vulkane ja eine direkte Verbindung der Erdoberfläche und ihres Inneren sind, hat aber einen Haken: Das Magma, wie es unter der Erdoberfläche heißt, ist glühend heiß, sodass kein U-Boot da durchtauchen könnte. Es würde sofort schmelzen.

4.7 Nenne drei Merkmale von Vulkanen. Schreibe in ganzen Sätzen.

Hinweis: *Im Text kannst du hören: „Vulkane sind also Stellen, an denen glutflüssiges, geschmolzenes Gestein aus dem Erdinnern an die Oberfläche austritt. Wo ein Vulkan ist, gibt es also eine direkte Verbindung von der Oberfläche der Erde in ihr Inneres. Vulkane sind massive Berge, die zum allergrößten Teil aus erkalteter, also steinharter Lava bestehen."*

Lösungsvorschläge:

- **Vulkane sind massive Berge.**
- **Vulkane sind die Verbindung von der Erdoberfläche in das Innere der Erde.**
- **Im Innern der Vulkane brodelt heißes Magma, das als Lava an die Erdoberfläche tritt.**

Aufgabe 5

Transkript von Track 7:

Moderatorin, Kind, Professor

Moderatorin: „Herzlich willkommen zu unserer Radiosendung für Kinder *Schlau um fünf.* Hier spricht Charlotte Lieblich. Heute geht es um ein spannendes Thema. Bestimmt ist euch auch schon aufgefallen, dass in unserer Umgebung immer mehr große weiße Windräder gebaut werden. Doch was machen diese Windräder und wie unterscheiden sie sich von den Windmühlen, die es früher hier gab? Um das herauszubekommen haben wir unsere Kinderreporterin Amelie losgeschickt. Sie ist für uns an die Bergische Universität Wuppertal gefahren und hat dort mit Herrn Professor Zet gesprochen."

Kind: „Guten Tag Herr Professor Zet. Danke schön, dass Sie sich für uns und unsere Zuhörer Zeit genommen haben."

Professor: „Sehr gerne. Ich freue mich immer besonders, wenn ich helfen kann, Kindern etwas zu erklären. Die hören manchmal besser zu als meine Studenten *(lacht)*."

Kind: „Herr Professor Zet, uns ist aufgefallen, dass es in unserem Dorf immer mehr große Windräder gibt, aber nur noch zwei alte Windmühlen, die nicht mehr benutzt werden. Wie funktionieren diese großen Windräder?"

Professor: „Nun, mit Windrädern, der Fachmann sagt auch mit Windkraftanlagen, wird, ganz vereinfacht gesagt, aus Wind Strom gemacht. Du musst dir das so vorstellen, dass der Wind gegen die großen Rotorblätter drückt und diese deswegen anfangen sich zu drehen. Diese Drehbewegung wird im Innern des Windrades auf einen Generator übertragen. Ein Generator ist eine große magnetische Spule, die die Drehbewegung in elektrischen Strom umwandelt."

Kind: „Das hört sich aber kompliziert an. Das kann ich mir gar nicht vorstellen."

Professor: „Wie ein Generator arbeitet, kannst du dir sogar zu Hause an deinem Fahrrad ansehen. An deinem Fahrrad gibt es meistens einen Dynamo. Wenn du ihn einstellst und losfährst, macht er aus der Drehbewegung deines Fahrrads elektrischen Strom und dieser lässt die Glühlampe deines Fahrrads leuchten. Ein Dynamo ist also nichts anderes als ein kleiner Generator."

Kind: „O.K., das verstehe ich jetzt. Aber wieso können die alten Windmühlen das nicht machen?"

Professor: „Bei den alten Windmühlen haben sich zwar auch die Rotorblätter gedreht, aber die Windkraft wurde direkt über Zahnräder in eine mechanische Kraft umgewandelt, z. B. um eine Säge anzutreiben oder ein Mahlrad zu drehen und damit beispielsweise Mehl zu mahlen."

Kind: „Aber könnte man die alten Windmühlen nicht trotzdem noch benutzen?"

Professor: „Das könnte man sicherlich, denn die Funktion hat sich ja nicht geändert. Du musst dir aber vorstellen, dass der Strom, der durch ein modernes Windrad erzeugt wird, viel besser einsetzbar ist. Mit Strom kannst du auch eine Säge oder ein Mahlrad antreiben, aber du kannst auch alle anderen Maschinen mit Strom antreiben. Auch bei dir zu

Hause würde ohne Strom nicht viel funktionieren. Denke nur an den Kühlschrank, die Waschmaschine, das Licht, warmes Wasser, den Fernseher, den Computer und vieles mehr."

Kind: „Könnte man denn nicht auch einen Generator an eine alte Windmühle anschließen?"

Professor: „Auch das ist natürlich möglich, doch du musst bedenken, dass die modernen Windräder natürlich viel effektiver sind und in der gleichen Zeit viel mehr Strom erzeugen können, wie eine alte Windmühle. Die ist dann doch eher etwas für das Museum."

Kind: „Herr Professor Zet, ich danke Ihnen für das Interview. Sie haben uns sehr geholfen."

Professor: „Sehr gerne. Auf Wiedersehen."

Moderatorin: „Wir hörten ein Interview unserer Kinderreporterin Amelie mit Herrn Professor Zet. Vielen Dank Amelie. Ich denke, jetzt könnt ihr auf dem nächsten Sonntagspaziergang eure Eltern mit eurem Wissen überraschen, wenn ihr an einem Windrad vorbeikommt. Vielleicht schaut ihr euch auch eine der beiden alten Windmühlen an, die bei uns im Ort stehen. Am Wochenende sind sie für Besucher geöffnet. Weitere Informationen könnt ihr auch auf unserer Webseite www.schlauumfünf.de erhalten. Und jetzt geht's erst mal weiter mit Musik.

5.1 Wer ist alles in der Radiosendung zu hören?
Kreuze alle richtigen Antworten an.

Hinweis: *Nur die zweite Antwort ist falsch, denn es sind nicht mehrere Kinder, sondern nur ein Kind, Amelie die Kinderreporterin, im Beitrag zu hören.*

- [X] ein Professor
- [ ] Kinder
- [X] eine Moderatorin
- [X] eine Kinderreporterin

5.2 Schreibe mit einem Satz auf, was moderne Windräder machen.

Hinweis: *Im Text konntest du hören: „Nun, mit Windrädern, der Fachmann sagt auch mit Windkraftanlagen, wird, ganz vereinfacht gesagt, aus Wind Strom gemacht. Du musst dir das so vorstellen, dass der Wind gegen die großen Rotorblätter drückt und diese deswegen anfangen sich zu drehen. Diese Drehbewegung wird im Innern des Windrades auf einen Generator* *übertragen. Ein Generator ist eine große magnetische Spule, die die Drehbewegung in elektrischen Strom umwandelt."*

Windräder machen aus Wind elektrischen Strom.

5.3 Linda sagt: „Ich habe auch einen Generator zu Hause." Glaubst du ihr? Begründe mithilfe der Radiosendung.

Hinweis: *Im Text kannst du hören: „Wie ein Generator arbeitet, kannst du dir sogar zu Hause an deinem Fahrrad ansehen. An deinem Fahrrad gibt es meistens einen Dynamo. Wenn du ihn einstellst und losfährst, macht er aus der Drehbewegung deines Fahrrads elektrischen Strom und dieser lässt die Glühlampe deines Fahrrads leuchten. Ein Dynamo ist also nichts anderes als ein kleiner Generator."*

Ich glaube Linda, sie hat recht. Ein Dynamo am Fahrrad ist auch ein kleiner Generator und ein Fahrrad hat sie bestimmt zu Hause.

5.4 Was ist ein Generator?

Hinweis: *Ein Generator ist eine große magnetische Spule, die die Drehbewegung in elektrischen Strom umwandelt.*

☐ eine Maschine, die Windräder dreht
☒ eine magnetische Spule
☐ ein Rotorblatt eines Windrades
☐ ein anderes Wort für Strom

5.5 Welche Geräte funktionieren bei dir zu Hause nur mit Strom? Kreuze alle richtigen Antworten an.

Hinweis: *Im Text kannst du hören: „Auch bei dir zu Hause würde ohne Strom nicht viel funktionieren. Denke nur an den Kühlschrank, die Waschmaschine, das Licht, warmes Wasser, den Fernseher, den Computer und vieles mehr." Die Antworten 1–3 sind also richtig und werden auch im Text erwähnt. Für kaltes Wasser benötigt man keinen elektrischen Strom.*

☒ Waschmaschine
☒ Kühlschrank
☒ Fernseher
☐ kaltes Wasser

5.6 Welchen Rat gibt die Moderatorin den Zuhörern am Ende des Beitrages? Sie rät ihnen, …

Hinweis: *Im Text konntest du hören: „Vielleicht schaut ihr euch auch eine der beiden alten Windmühlen an, die bei uns im Ort stehen.“*

- ☐ einen Spaziergang zum Stausee zu machen.
- ☐ ein Buch über Windräder zu lesen.
- ☐ ihr Wissen in einem Aufsatz festzuhalten.
- ☒ sich eine alte Windmühle anzusehen.

5.7 Die Radiosendung ist hauptsächlich …

Hinweis: *Im Text konntest du hören: „Herzlich willkommen zu unserer Radiosendung für Kinder Schlau um fünf.“*

- ☒ für Kinder.
- ☐ für Erwachsene.
- ☐ für Fachleute.
- ☐ für Professoren.

▶ Beispieltests

Bildnachweis
Catalin Petolea. Shutterstock

1 Vorbereitungs- und Lerntipps

Aufbau und Durchführung

Die Vergleichsarbeiten werden an allen Grundschulen in Deutschland Ende April/Anfang Mai in den 3. Klassen durchgeführt.
Im Fach Deutsch werden die Arbeiten an zwei Tagen geschrieben:
Tag 1: Kompetenzbereich Lesen
Tag 2: einer der anderen Kompetenzbereiche:

- Sprache und Sprachgebrauch untersuchen
- Rechtschreiben
- Schreiben
- Zuhören

Beispieltests in diesem Buch

Im folgenden Teil findest du Beispieltests, die jeweils einer Vergleichsarbeit entsprechen. Du kannst mit ihnen die richtige Prüfungssituation nachstellen. Sinnvollerweise bearbeitest du die Aufgaben erst, wenn du schon für die einzelnen Kompetenzbereiche geübt hast.

Die ersten beiden Arbeiten sind aus dem Bereich Lesen, der am ersten Prüfungstag getestet wird. Sie bestehen jeweils aus zwei Aufgabenteilen mit je einem Text. Pro Aufgabenteil hast du 20 Minuten Zeit.

Danach findest du Tests, mit denen du für den zweiten Prüfungstag üben kannst. Beispieltest 3 stammt aus dem Bereich Rechtschreiben und Beispieltest 4 aus dem Bereich Zuhören. Für diese beiden Tests benötigst du die Hördateien, die du online abrufen kannst. Wie das geht, kannst du auf den Farbseiten am Anfang des Buchs nachlesen.
Beachte, dass die Vergleichsarbeit am zweiten Tag auch aus einem der anderen Kompetenzbereiche stammen kann. Deine Lehrerin oder dein Lehrer kann dich vorab darüber informieren, welcher Kompetenzbereich das sein wird.

Bearbeitungszeit und erlaubte Hilfsmittel

An jedem Prüfungstag hast du zur Bearbeitung insgesamt rund 40 Minuten Zeit. Stell dir beim Üben einen Wecker, um zu testen, ob du mit der Zeit zurechtkommst.
Die Bearbeitungszeit ist sehr knapp gewählt, sodass auch gute Schülerinnen und Schüler nicht alle Aufgaben komplett lösen können. Mach dir also keine Sorgen, wenn du in der vorgegebenen Zeit nicht ganz mit den Aufgaben fertig wirst.

Wichtig ist, dass du bei schwierigeren Aufgaben nicht hängen bleibst. Wenn du nicht weiterkommst, gehe zur nächsten Aufgabe. Die fällt dir vielleicht ganz leicht. Wenn am Schluss noch Zeit ist, kannst du noch einmal die übersprungenen Aufgaben angehen.

Wenn die Zeit reicht, ist es außerdem sinnvoll, dass du dir deine Antworten noch mal durchliest und kontrollierst, ob du alles getan hast, was in der Aufgabe verlangt wurde.

Die Vergleichsarbeiten werden wie normale Klassenarbeiten ohne detaillierte Hilfestellungen, ohne Hinweise zu Lösungswegen und ohne Hilfsmittel durchgeführt. Selbstverständlich darfst du aber einen Schmierzettel benutzen. Denke auch daran, verschiedenfarbige Stifte, einen spitzen Bleistift, einen Radiergummi und ein Lineal mitzunehmen.

2 Tag 1 – Kompetenzbereich Lesen

Beispieltest 1

Text 1

Piratenabenteuer

An einem langweiligen Regentag beschließen Philipp und seine kleine Schwester Anne, einen Ausflug zu ihrem Baumhaus zu machen. Doch es ist kein gewöhnliches Baumhaus, sondern ein magisches Baumhaus. Wenn die zwei Geschwister die lange Strickleiter hinaufklettern, sehen sie zuerst die vielen Bücher, die ordentlich an der Wand entlang gestapelt sind. Jedes Mal, wenn sie ein Buch zur Hand nehmen und darin lesen, befinden sie sich plötzlich mitten im Buch. Die zwei haben schon die tollsten Abenteuer bei den Rittern, den Dinosauriern und im alten Ägypten erlebt. Am Ende des Abenteuers bringt sie das Pennsylvania-Buch immer wieder zurück ins Baumhaus. Bisher sind alle Abenteuer gut für die Geschwister ausgegangen …

Anne deutet auf ein offenes Buch in der Ecke. „Ich kann mich nicht erinnern, dass dieses Buch gestern aufgeschlagen war." „Ich mich auch nicht", meint Philipp. „Das sieht ja echt toll aus da!" Er sieht einen sonnigen Strand. Ein großer grüner Papagei sitzt in einer Palme, und auf dem blauen Meer segelt ein Schiff. Anne deutet auf das Bild. „Ich wünschte, wir wären dort und nicht hier!" Plötzlich fängt der Wind an zu pfeifen. Die Blätter zittern und das Baumhaus beginnt, sich zu drehen, schneller, immer schneller.

Dann ist alles ruhig. Die Sonne scheint und es riecht nach Salzwasser. Das Baumhaus ist in einer Palme. Ein Papagei sitzt vor dem Fenster. Unten rauscht das leuchtend blaue Meer. Ein Segelschiff ist am Horizont – alles sieht aus wie in dem Buch. Die beiden klettern herunter, ziehen ihre Gummistiefel aus und rennen über den heißen Sand in die Wellen. Das Wasser ist warm und klar. Philipp sieht ein Schiff näher kommen. Jetzt kann er sogar schon die Flagge erkennen. Ein kalter Schauer läuft ihm über den Rücken. Eine Totenkopfflagge: PIRATEN!!!

Anne hat die Gefahr inzwischen auch erkannt. „Nichts wie weg!", sagt sie. Die beiden laufen wie der Wind. Doch plötzlich schwemmt eine riesige Welle das Boot direkt an den Strand. Drei große Piraten springen aus dem Boot und laufen den Kindern hinterher. Der größte der Piraten schnappt Philipp und hält ihn mit seinen kräftigen Armen fest. Er hat einen struppigen schwarzen Bart und eine Augenklappe über einem Auge. Der zweite Pirat schnappt sich Anne, als wäre sie ein kleines Kätzchen. Die beiden sehen sich an und haben schreckliche Angst.

Doch dann kommt alles anders …

Aus: Mary Pope Osborne, Das magische Baumhaus, „Der Schatz der Piraten“. Bindlach: Verlag Loewe, 2000, Übersetzerin: Sabine Rahn.

Lies den Text aufmerksam und löse die folgenden Aufgaben.

1.1 Welche Figuren kommen in der Geschichte vor?
Kreuze die richtige Antwort an.

☐ Anne, Philipp, ein Affe und drei Piraten
☐ Käpten Säbelzahn, Annamarie und Philipp
☐ zwei Geschwister, ein Papagei, drei Piraten
☐ Anne, Philipp, ihre Eltern, Käpten Säbelzahn
☐ fünf Piraten, Anne und Philipp

1.2 Wie kommen Anne und Philipp am Ende eines Abenteuers wieder nach Hause?

____

____

1.3 Die Geschichte besteht aus vier Abschnitten.
Welche Überschrift kannst du ihnen jeweils zuordnen?

☐ Das magische Baumhaus
☐ Ein langweiliger Regentag
☐ Ara, der Papagei
☐ Eine turbulente Reise
☐ Ein schöner Badetag
☐ Eine schaurige Überraschung
☐ Der Angriff
☐ Das Geheimnis der Schatzkarte

1.4 Welche Abenteuer haben Anne und Philipp schon mit dem Baumhaus erlebt?
Kreuze alle richtigen Antworten an.

- ☐ Abenteuer bei den Dinosauriern
- ☐ Abenteuer im alten Rom
- ☐ Abenteuer in Pennsylvania
- ☐ Abenteuer bei den Rittern
- ☐ Abenteuer im alten Ägypten

1.5 Anne und Philipp sitzen im Baumhaus. Die Reihenfolge ist hier durcheinandergeraten.
Nummeriere die Sätze in der richtigen Reihenfolge.

- ☐ Die Blätter zittern und das Baumhaus beginnt, sich zu drehen …
- ☐ Er sieht einen sonnigen Strand.
- ☐ Anne deutet auf ein offenes Buch in der Ecke.
- ☐ „Ich wünschte, wir wären dort und nicht hier!“

1.6 Warum gehen Anne und Philipp an diesem Tag ins Baumhaus?
Kreuze die richtige Antwort an.

- ☐ Sie wollen noch einmal ins alte Ägypten reisen.
- ☐ Philipp hat ein Buch über Piraten gelesen.
- ☐ Anne möchte im Meer schwimmen gehen.
- ☐ Es ist ein langweiliger Regentag und sie wollen etwas unternehmen.

1.7 Die Geschichte ist noch nicht zu Ende.
Glaubst du, dass sie gut oder schlecht für die zwei Geschwister endet? Warum?

____

____

____

____

1.8 Woran merkt Philipp am Strand, dass sich auf dem Segelschiff Piraten befinden?

____

____

____

____

1.9 Welche Aussagen sind richtig, welche falsch? Kreuze an.

	richtig	falsch
Alle Piraten haben eine Augenklappe.	☐	☐
Die Piraten haben zwei Schatzkarten.	☐	☐
Zwei Piraten schnappen die Geschwister.	☐	☐
Ein Pirat hat einen struppigen schwarzen Bart.	☐	☐

1.10 Wie sehen die Piraten aus?
Unterstreiche die Textstellen, die dir darüber etwas verraten.

Kontrolliere, ob du alle Aufgaben bearbeitet hast!

So lange habe ich gebraucht: ______ Minuten

Text 2

Der etwas andere Pirat

Wenn damals jemand zu Benedikt gesagt hätte, dass er einmal ein berühmter Pirat werden würde, hätte er ihn wohl ausgelacht. Benedikt sah so gar nicht aus wie ein Pirat. Er war relativ klein und zierlich, hatte helles blondes Haar, ein verschmitztes Lachen und zwei kluge blaue Augen. Und im Gegensatz zu den anderen Piraten, die in den sieben Weltmeeren fuhren und mit ihren Plünderungen und Gemeinheiten Angst und Schrecken verbreiteten, handelte Benedikt stets überlegt und gewitzt.

Benedikt stammte aus einer Piratenfamilie. Schon sein Vater und sein Großvater segelten übers Meer und raubten die Handelsschiffe aus; jedoch immer darauf bedacht, Menschenleben zu schonen und den Ausgeraubten noch etwas zum Leben zu lassen. Benedikts Mutter liebte ihren Mann über alles, wenn sie auch mit seinem Beruf nicht immer einverstanden war. Und wenn Benedikt schon das Erbe seines Vaters übernehmen sollte, dann musste er wenigstens Benehmen haben und gebildet sein. So unterrichtete seine Mutter ihn in Lesen, Schreiben und Rechnen und lehrte ihn Höflichkeit und Anstand.

So kam es, dass Benedikt mit 19 Jahren, er fuhr nun schon zwei Jahre zur See, etwas ganz Besonderes geschah. An einem schönen und sonnigen Tag lag sein Schiff Veronica in einer kleinen Bucht bei Cadiz vor der spanischen Küste. Die Mannschaft schrubbte das Deck und Benedikt saß in einem Korbsessel und beobachtete mit seinem Fernglas das glitzernde Meer. Nachdem sich eine ganze Weile nichts tat, konnte er in der Ferne zwei Schiffe sichten. Das vordere war ein vornehmes und bunt geschmücktes Handelsschiff unter der Flagge des portugiesischen Königs. Das hintere war eindeutig ein Piratenschiff. Benedikt überlegte noch, ob es sich lohnte, ebenfalls das Handelsschiff zu verfolgen, da erblickte er an

Bord ein wunderschönes, prachtvoll gekleidetes Mädchen. Das konnte nur die jüngste Tochter des Königs sein.

Benedikt hatte sofort einen Plan im Kopf und handelte. In Windeseile stach er in See und verfolgte und verjagte das andere Piratenschiff. Die Prinzessin, die alles beobachtet hatte, wollte ihm danken. Benedikt bot ihr an, sie auf ihrem Weg nach Nordafrika zu begleiten und zu beschützen. Denn die anderen Piraten, und das wusste er, hatten großen Respekt vor Benedikts Klugheit. Prinzessin Isabel stimmte zu und so lernten die beiden sich auf der langen Fahrt besser kennen. Isabel war verzückt von Benedikts Scharfsinn und Witz, und er wiederum fand sie wunderschön und schlagfertig. So kam es, dass die beiden ein Paar wurden und heirateten. Benedikt hatte den Clou seines Lebens gemacht.

Lies den Text aufmerksam und löse die folgenden Aufgaben.

2.1 Welche zwei Dinge unterscheiden Benedikt von den anderen Piraten?

1. ______________________________

2. ______________________________

2.2 Was steht im Text?

	richtig	falsch
Schon Benedikts Eltern segelten übers Meer.	☐	☐
Benedikts Mutter heißt Veronica.	☐	☐
Benedikts Mutter war auch seine Lehrerin.	☐	☐
Benedikts Vater war Pirat.	☐	☐

2.3 Mit wie vielen Jahren wurde Benedikt Pirat?

____

____

2.4 Warum verjagte Benedikt das andere Piratenschiff?

- [ ] Benedikt mag es nicht, wenn andere Schiffe ausgeraubt werden.
- [ ] Benedikt will das Handelsschiff selbst ausrauben.
- [ ] Benedikt beschützt im Auftrag des Königs die Handelsschiffe.
- [ ] Benedikt will der Prinzessin imponieren und ihr Vertrauen gewinnen.

2.5 Isabel ist …

- [ ] die Prinzessin von Portugal.
- [ ] die Prinzessin von Spanien.
- [ ] die älteste Tochter des Königs.
- [ ] die jüngste Tochter eines Piraten.

2.6 Welche Aussage stimmt?
Kreuze an.

- [ ] Benedikt verbreitet Angst und Schrecken.
- [ ] Benedikt ist gebildet.
- [ ] Benedikt schrubbt das Deck seines Schiffes.
- [ ] Benedikt ist von Isabels Scharfsinn und Witz verzückt.

2.7 Welche Eigenschaften treffen auf Benedikt zu? Kreuze alle an.

- [ ] klug
- [ ] wunderschön
- [ ] gewitzt
- [ ] verschlagen

2.8 Wieso wurde Benedikt Pirat?

- ☐ Weil er aus einer Piratenfamilie stammt.
- ☐ Weil er zeigen wollte, wie klug er war.
- ☐ Weil seine Mutter ihn das gelehrt hatte.
- ☐ Weil die anderen Piraten ihn faszinierten.

2.9 Die Überschrift für den Text lautet „Der etwas andere Pirat". Welche der folgenden Überschriften würde noch passen?

- ☐ „Gräueltaten der Piraten im 19. Jahrhundert"
- ☐ „Benedikt und Isabel in Afrika"
- ☐ „Gold und Juwelen"
- ☐ Keine der Überschriften passt.

2.10 Der Text endet mit dem Satz: „Benedikt hatte den Clou seines Lebens gemacht." Was ist damit gemeint?

___

___

___

Kontrolliere, ob du alle Aufgaben bearbeitet hast!

So lange habe ich gebraucht: ______ Minuten

Beispieltest 2

Text 1

Freizeitpark Spieleparadies

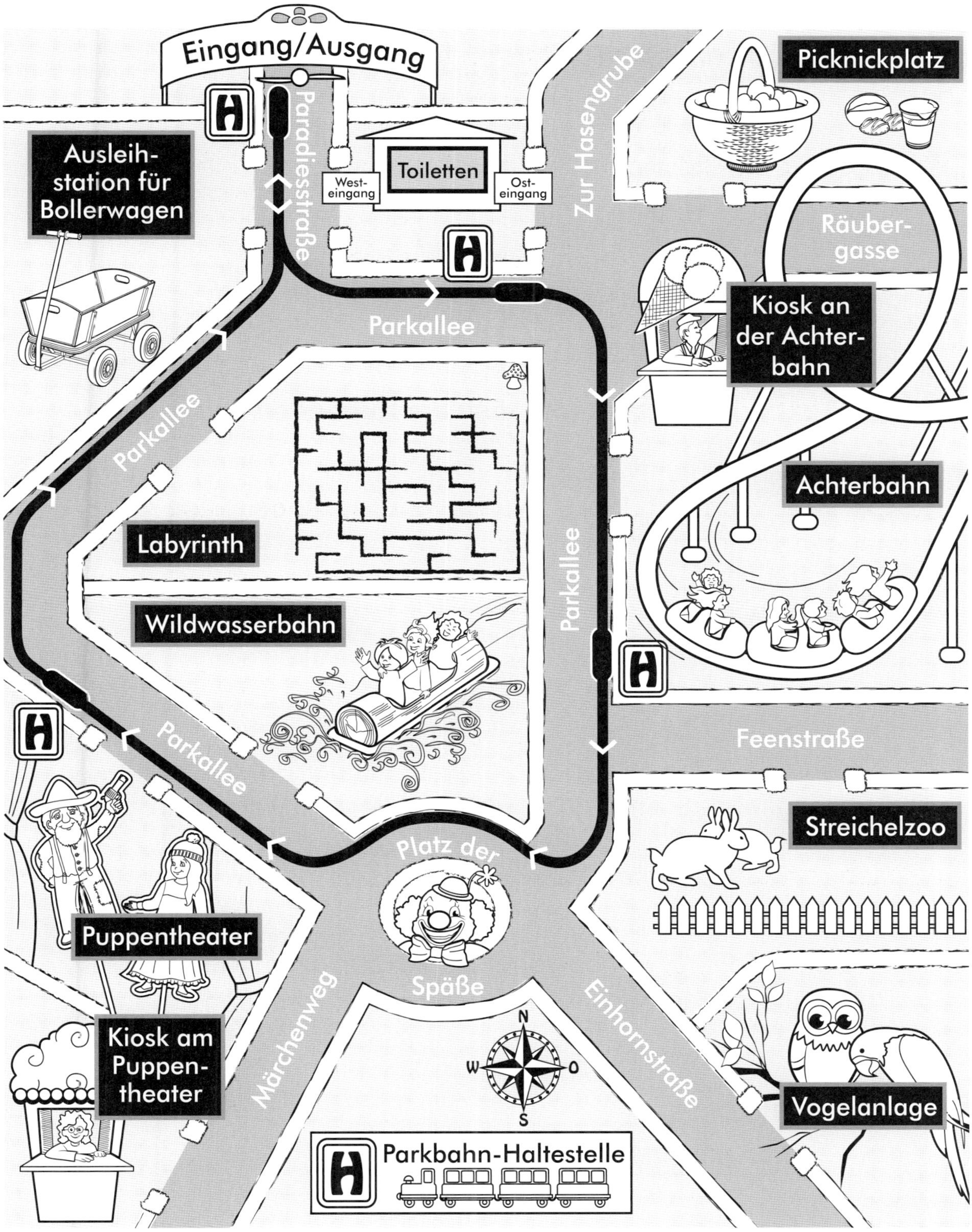

Fahrplan der Parkbahn

Abfahrt	Haltestelle Eingang/Ausgang	Haltestelle Picknickplatz	Haltestelle Achterbahn	Haltestelle Puppentheater
Montag bis Sonntag roter Bus	10.00	10.10	10.20	10.30
	11.00	11.10	11.20	11.30
	12.00	12.10	12.20	12.30
	... bis 17.00	... bis 17.10	... bis 17.20	... bis 17.30
am Wochenende zusätzlich blauer Bus	10.20	10.30	10.40	10.50
	11.20	11.30	11.40	11.50
	12.20	12.30	12.40	12.50
	... bis 17.20	... bis 17.30	... bis 17.40	... bis 17.50

Lies den Text aufmerksam und löse die folgenden Aufgaben.

1.1 Welche Fahrbahn findest du auf der Karte?

- ☐ Wildwasserbahn
- ☐ Pistenflitzer
- ☐ Eichhörnchenbahn
- ☐ Flotte Lotte

1.2 Maria ist im Streichelzoo und möchte mit der Parkbahn zum Ausgang fahren. An welcher Haltestelle muss sie einsteigen?

____

1.3 Lisa und Frederik wollen vom Picknickplatz zum Kiosk am Puppentheater laufen. Nummeriere in der richtigen Reihenfolge.

____ Märchenweg

____ Räubergasse

____ Platz der Späße

____ Parkallee

1.4 Frieda verpasst an einem Dienstag an der Haltestelle „Achterbahn“ den Bus um 12.20 Uhr. Wann geht dort der nächste Bus?

___

1.5 Jule läuft durch den Park. Zeichne den Weg auf der Karte ein.

Jule läuft vom Eingang der Wildwasserbahn zum Eingang des Labyrinths. Danach muss sie auf die Toilette in den Osteingang und geht dann auf direktem Weg zum Streichelzoo.

1.6 An der Einhornstraße ist der Eingang …

- ☐ zur Achterbahn
- ☐ zum Puppentheater
- ☐ zum Picknickplatz
- ☐ zur Vogelanlage

1.7 Markus möchte vom Puppentheater aus in den Streichelzoo. Soll er die Parkbahn nehmen? Begründe deine Antwort.

___

___

1.8 Auf welchen Straßen fährt die Parkbahn?

___

1.9 Wann fährt samstags die letzte Parkbahn an der Haltestelle „Picknickplatz“?

___

1.10 Wie lange braucht der rote Bus von der Haltestelle „Picknickplatz“ zur Haltestelle „Puppentheater“?

___

1.11 Wie häufig in einer Stunde fährt sonntags die Parkbahn am Eingang /Ausgang ab?

- ☐ einmal
- ☐ zweimal
- ☐ dreimal
- ☐ gar nicht

Kontrolliere, ob du alle Aufgaben bearbeitet hast!

So lange habe ich gebraucht: ______ Minuten

Text 2

Ein falscher Verdacht

Mario ist ein fleißiger und guter Schüler. Manchmal nimmt er sogar ein Buch oder ein Heft mit in die Pause und lernt für die nächste Klassenarbeit. Auch heute sitzt er auf einer Mauer und liest in seinem Sachkundeheft, was er zum Thema „Post“ aufgeschrieben hat. Nebenbei isst er sein Pausenbrot.

Silvio und Carsten sind nicht so fleißig wie Mario. Sie rennen in der Pause lieber herum, spielen Fangen und hecken Streiche aus. „Schau mal, der Blödmann lernt schon wieder“, sagt Carsten und zeigt auf Mario. „Der will bestimmt Professor werden“, sagt Silvio und schiebt das letzte Stück seines Wurstbrotes in den Mund. Er zerknüllt das Papier und nuschelt: „Ich hab eine Idee.“ Er flüstert Carsten etwas ins Ohr. „Spitze, das machen wir!“ Carsten trinkt seine Milchtüte leer. Dann schlendern die beiden in Richtung Mario. Der ist so in sein Heft vertieft, dass er Carsten und Silvio nicht bemerkt. Sie legen Papier und Milchtüte schnell unter Marios baumelnde Beine und gehen weiter. An der Treppe bleiben sie stehen und beobachten, was geschieht.

Frau Gonser und Herr Abelein haben Pausenaufsicht und drehen ihre Runden über den Schulhof. Genau vor Mario bleibt Frau Gonser stehen. Sie tippt ihn an und zeigt nach unten. „Was ist das?“ „Weiß ich nicht“, antwortet Mario. „So, das weißt du nicht.“ Frau Gonser tut erstaunt. „Wenn ich mich nicht täusche, ist das eine Milchtüte und ein Butterbrotpapier.“ „Das ist aber nicht von mir.“ „Ach! Dann hat das wohl der Wind genau unter deine Beine gepustet.“ Mario zieht die Schultern hoch. „Weiß ich nicht. Aber von mir ist es nicht.“ Frau Gonser schaut Mario an. „Das hebst du jetzt auf! Und damit du lernst, dass der Abfall in den Abfalleimer gehört, sammelst du alle Milchtüten auf dem Schulhof ein.“

Mario rutscht von der Mauer und ist wütend. Silvio und Carsten lachen sich fast kaputt. Als Mario in ihre Nähe kommt, ruft Silvio: „Da liegt noch eine Milchtüte, du Tüte!“ Und wieder lachen die beiden wie verrückt. Mario weiß sofort, dass Silvio und Carsten ihm diesen Streich gespielt haben. Plötzlich fühlt er so viel Wutkraft in sich, dass er sich auf Silvio stürzt und ihn packt. „Sag Frau Gonser, dass ich es nicht war!“, schreit er und schüttelt Silvio. Bevor Silvio etwas tun kann, ist schon Frau Gonser da. „Was machst du denn?“, fragt sie und zerrt Mario weg. „Zuerst Abfall wegwerfen und dann auch noch schlagen. Das wird ja immer schöner mit dir!“ „Der hat den Abfall weggeworfen!“, ruft Mario. „Stimmt das?“, fragt Frau Gonser Silvio. „Der auch“, sagt Silvio und zeigt auf Carsten. „Dann sammelt ihr zwei jetzt sofort allen Abfall auf, der auf dem Schulhof herumliegt.“ Die beiden fangen murrend an. „Entschuldigung, Mario“, sagt Frau Gonser.

Aus: Manfred Mai: Leselöwen Schulhofgeschichten. Bindlach: Loewe Verlag, 1995.

Lies den Text aufmerksam und löse die folgenden Aufgaben.

2.1 Die Kinder sind …

☐ im Unterricht.
☐ auf einem Ausflug.
☐ bei der Post.
☐ in der Pause.

2.2 Carsten und Silvio…

☐ haben noch Hunger.
☐ spielen Mario einen Streich.
☐ wollen sehen, was Mario aufgeschrieben hat.
☐ wollen mit Mario spielen.

2.3 Warum bemerkt Mario die beiden Jungs nicht, als sie sich ihm nähern?

2.4 Wie viele Lehrkräfte befinden sich zur Aufsicht auf dem Schulhof?

☐ keiner
☐ einer
☐ zwei
☐ drei

2.5 Mario …

	richtig	falsch
… soll alle Milchtüten auf dem Schulhof einsammeln.	☐	☐
… entschuldigt sich bei Carsten und Silvio.	☐	☐
… liest ein Sachkundeheft.	☐	☐
… sagt Herrn Abelein, dass Frau Gonser sich täuscht.	☐	☐
… ist fleißig in der Schule.	☐	☐
… nimmt alle Schuld auf sich.	☐	☐

2.6 Frau Gonser sorgt auf dem Schulhof für Ordnung. Nenne zwei Beispiele dafür.

____

____

2.7 Frau Gonser …

	richtig	falsch
… beschuldigt Mario.	☐	☐
… tröstet Mario.	☐	☐
… bestraft Mario.	☐	☐
… entschuldigt sich bei Mario.	☐	☐
… lobt Mario.	☐	☐

2.8 Glaubst du, dass Silvio und Carsten häufiger andere Kinder ärgern? Begründe mithilfe des Textes.

____

____

2.9 Mario beteuert öfters, dass er das Papier und die Milchtüte nicht liegen gelassen hat. Unterstreiche die Sätze im Text, die das aussagen.

2.10 Jessica findet, dass Silvio und Carsten stärker bestraft werden als Mario und findet das ungerecht. Glaubst du das auch? Begründe mithilfe des Textes.

____

____

Kontrolliere, ob du alle Aufgaben bearbeitet hast!

So lange habe ich gebraucht: ______ Minuten

3 Tag 2 – weitere Kompetenzbereiche

Beispieltest 3: Kompetenzbereich Rechtschreiben

1. Höre dir die Sätze (Track 8) an.
Die Sätze werden dir langsam und vollständig vorgelesen.
Lies im Text mit und setze die fehlenden Wörter ein.

a) Sofie ____________________ gerne zum Ballett.

b) Jedes Training ist für sie ein großes ____________________.

c) Ihr Bruder Leon spielt lieber ____________________.

d) ____________________ ist jedoch nicht seine Stärke.

e) Beide haben bei ihren Hobbys viel ____________________.

f) Lenas Haustier ist ein ____________________.

g) Luca ____________________ lieber eine Katze.

h) Er sagt, dass Katzen viel ____________________ sind als Hunde.

i) Lena behauptet aber, dass man mit einem Hund mehr ____________________ bekommt.

j) Mutter ermahnt die Kinder, sie sollen aufhören, sonst gäbe es demnächst für jeden einen ____________________.

2. In den folgenden Sätzen sind einige Wörter falsch geschrieben.
Rechts steht in Klammern die Anzahl der Fehler in dieser Zeile.
Streiche die falsch geschriebenen Wörter durch.
Schreibe sie richtig darunter.

a) Felix geht im Walt spatzieren. (2)

____

b) Finja hüpft unter den Beumen durch das laub. (2)

c) Moritz hört lieper den Vögeln zu. (1)

d) Julia holt das Essen und die Getrenke aus dem Ruksack. (2)

3. Dies ist eine Satzschlange. Schreibe den Text richtig ab.
Beachte die Wortgrenzen und die Groß- und Kleinschreibung.

INDENFERIENFAHREICHMITMEINENELTERNNACHITALIEN.WI
RWOHNENDORTINEINEMHAUSAMMEER.ICHMÖCHTEGANZVI
ELSCHWIMMENUNDMUSCHELNSAMMELN.HOFFENTLICHHAB
ENWIRSCHÖNESWETTERMITVIELSONNENSCHEIN.

4. Wie wird das Wort richtig geschrieben?
Streiche die falsche Schreibweise durch.

Beispiel: Ich **esse/~~eße~~** gerne Nudeln.

a) Ich fahre mit dem **Bot/Boot** über den See.
Die Überfahrt ist sehr **mühsam/müsam**.

b) In der Nacht steht der **Mont/Mond** am Himmel.
Am **Tag/Tak** scheint die Sonne.

5. Sortiere die folgenden Wörter in alphabetischer Reihenfolge, indem du sie nummerierst.

______ Lerche

______ Acht

__1___ Aachen

______ lieb

______ Libelle

______ Alarm

______ alt

6. Lies den Text und setze die Satzzeichen (: , . ? ! „“) ein.

Jana und Farid wollen ins Freibad

Jana Beeil dich Ich will bald dort sein Sonst ist

es so voll ruft Farid

Jana antwortet Keine Panik Ist es denn wirklich

schon so spät

Darauf erwidert Farid Und ob Es ist schon vier Uhr

7. Ergänze die fehlenden Buchstaben.

a) Der W____nd bläst über die W____se.
(i oder ie) (i oder ie)

Die Grashalme biegen sich w____ld hin und her.
(i oder ie)

b) Die F____ hat goldene Flügel und weiße H____re.
(e oder ee) (a oder aa)

Sie steht gern fr____ auf.
(ü oder üh)

c) Leila kauft ihrer Mu____er Blu____en und ein Sto____tier.
(t oder tt) (m oder mm) (f oder ff)

8. Setze die Buchstaben F/f, V/v oder W/w richtig ein.
Achte auf die Groß- und Kleinschreibung.

a) Marios ___ater arbeitet als Lehrer.

Er geht gerne im ___ald spazieren.

Sein Lieblingsessen ist ___isch mit Kartoffeln.

b) Lena beobachtet ___orsichtig einen Spatz.

Er ___liegt hastig im Garten umher.

Dann trinkt er ___asser aus einer Pfütze.

c) Jiri liest ein spannendes Buch über ___ampire.

Beim Lesen taucht er in eine andere ___elt ein

und ___ergisst alles um sich herum.

9. Beantworte folgende Fragen.

Wie finde ich heraus, dass …

…das Wort „König" am Ende mit „g" geschrieben wird?

____

____

… das Wort „Mäuse" in der Mitte mit „äu" geschrieben wird?

____

____

… das Wort „Heringssalat" mit „gs" und nicht mit „x" geschrieben wird?

____

____

Kontrolliere, ob du alle Aufgaben bearbeitet hast!

So lange habe ich gebraucht: ______ Minuten

Beispieltest 4: Kompetenzbereich Zuhören

Höre dir die Geschichte „Wir Kinder aus dem Möwenweg“ (Track 9) an. Beantworte danach die Fragen zur Geschichte.
Du musst gut zuhören und dir möglichst viel aus der Geschichte merken, um nachher die Fragen beantworten zu können.

1. Wie alt ist Tara?

- ☐ 4 Jahre
- ☐ 8 Jahre
- ☐ 10 Jahre

2. Tara hat …

- ☐ … eine große Schwester und einen großen Bruder.
- ☐ … keine Schwester und einen großen Bruder.
- ☐ … einen kleinen Bruder und einen großen Bruder.
- ☐ … keine Geschwister.

3. Wie haben Tara und ihre Familie die Nachbarn das erste Mal kennengelernt?

- ☐ Sie haben bei den Nachbarn geschellt, um sich vorzustellen.
- ☐ Sie haben die Nachbarn zufällig auf der Straße gesehen.
- ☐ Die Nachbarn haben zuerst bei Tara und ihrer Familie geschellt.
- ☐ Sie haben sich im Garten am Zaun gesehen.

4. Warum findet Tara, dass es bei ihnen am schönsten ist?

____

____

____

____

____

5. Sind alle Nachbarn von Tara und ihrer Familie nett? Begründe.

6. Wie viele Familien sind bisher in die Reihenhäuser 5a–f eingezogen?

- ☐ zwei Familien
- ☐ drei Familien
- ☐ vier Familien
- ☐ fünf Familien

7. Taras Papa sagt: „Wenn man in ein Reihenhaus zieht, kriegt man die Nachbarn gleich mitgeliefert.“ Was meint er damit?

Kontrolliere, ob du alle Aufgaben bearbeitet hast!

So lange habe ich gebraucht: ______ Minuten

Lösungen

Tag 1 - Kompetenzbereich Lesen

Beispieltest 1

Text 1

1.1 Welche Figuren kommen in der Geschichte vor?
Kreuze die richtige Antwort an.

Hinweis: *Antwort 3 ist richtig. Die Geschwister sind Anne und Philipp (siehe Zeilen 1/2): „Philipp und seine kleine Schwester Anne", der Papagei wird in Zeile 23 genannt: „Ein Papagei sitzt vor dem Fenster." Die drei Piraten werden in den Zeilen 32/33 erwähnt: „Drei große Piraten springen aus dem Boot (...)."*

- ☐ Anne, Philipp, ein Affe und drei Piraten
- ☐ Käpten Säbelzahn, Annamarie und Philipp
- ☒ zwei Geschwister, ein Papagei, drei Piraten
- ☐ Anne, Philipp, ihre Eltern, Käpten Säbelzahn
- ☐ fünf Piraten, Anne und Philipp

1.2 Wie kommen Anne und Philipp am Ende eines Abenteuers wieder nach Hause?

Hinweis: *Siehe Zeilen 9/10: „Am Ende des Abenteuers bringt sie das Pennsylvania-Buch immer wieder zurück ins Baumhaus."*

Das Pennsylvania-Buch bringt Anne und Philipp am Ende eines Abenteuers wieder nach Hause.

1.3 Die Geschichte besteht aus vier Abschnitten.
Welche Überschrift kannst du ihnen jeweils zuordnen?

Hinweis: *Die richtige Überschrift für den ersten Abschnitt lautet „Das magische Baumhaus", denn es wird erzählt, wie das Baumhaus funktioniert und welche Abenteuer die Geschwister damit schon erlebt haben. Das Piratenabenteuer beginnt zwar an einem langweiligen Regentag, doch der Tag bleibt ja nicht lange langweilig.*
Für den zweiten Abschnitt passt die Überschrift „Eine turbulente Reise", denn es wird berichtet, wie Anne und Philipp durch ein Buch mit dem schnell drehenden Baumhaus ans Meer reisen. Ein Papagei sitzt zwar auf dem Bild des Buches in einer Palme, dies ist aber nicht der Inhalt des Abschnittes.
„Eine schaurige Überraschung" ist die richtige Überschrift für den dritten Ab-

schnitt, denn nachdem Anne und Philipp ans Wasser gelaufen sind, entdecken sie das Piratenschiff. „Ein schöner Badetag" ist hier nicht passend.
Zum letzten Abschnitt passt die Überschrift „Der Angriff", weil die drei Piraten die Geschwister verfolgen und gefangen nehmen. „Das Geheimnis der Schatzkarte" passt hier nicht.

- [x] Das magische Baumhaus
- [ ] Ein langweiliger Regentag
- [ ] Ara, der Papagei
- [x] Eine turbulente Reise
- [ ] Ein schöner Badetag
- [x] Eine schaurige Überraschung
- [x] Der Angriff
- [ ] Das Geheimnis der Schatzkarte

1.4 Welche Abenteuer haben Anne und Philipp schon mit dem Baumhaus erlebt?
Kreuze alle richtigen Antworten an.

Hinweis: *Die Antworten 1, 4 und 5 sind richtig, siehe Zeilen 7 bis 9: „Die zwei haben schon die tollsten Abenteuer bei den Rittern, bei den Dinosauriern und im alten Ägypten erlebt." Vom alten Rom steht nichts in der Geschichte und das Pennsylvania-Buch bringt die beiden immer wieder nach Hause.*

- [x] Abenteuer bei den Dinosauriern
- [ ] Abenteuer im alten Rom
- [ ] Abenteuer in Pennsylvania
- [x] Abenteuer bei den Rittern
- [x] Abenteuer im alten Ägypten

1.5 Anne und Philipp sitzen im Baumhaus. Die Reihenfolge ist hier durcheinandergeraten.
Nummeriere die Sätze in der richtigen Reihenfolge.

Hinweis: *Die richtige Reihenfolge der Sätze findest du im zweiten Abschnitt der Geschichte in den Zeilen 12 bis 21.*

[4] Die Blätter zittern und das Baumhaus beginnt, sich zu drehen …

[2] Er sieht einen sonnigen Strand.

[1] Anne deutet auf ein offenes Buch in der Ecke.

[3] „Ich wünschte, wir wären dort und nicht hier!"

1.6 Warum gehen Anne und Philipp an diesem Tag ins Baumhaus?
Kreuze die richtige Antwort an.

Hinweis: *Antwort 4 ist richtig, siehe Zeilen 1/2: „An einem langweiligen Regentag beschließen Philipp und seine kleine Schwester Anne, einen Ausflug zu ihrem Baumhaus zu machen."*

☐ Sie wollen noch einmal ins alte Ägypten reisen.

☐ Philipp hat ein Buch über Piraten gelesen.

☐ Anne möchte im Meer schwimmen gehen.

☒ Es ist ein langweiliger Regentag und sie wollen etwas unternehmen.

1.7 Die Geschichte ist noch nicht zu Ende.
Glaubst du, dass sie gut oder schlecht für die zwei Geschwister endet? Warum?

Hinweis: *Wahrscheinlich geht die Geschichte gut aus, siehe Zeilen 10/11: „Bisher sind alle Abenteuer gut für die Geschwister ausgegangen …" Und in den Zeilen 37/38 heißt es: „Die beiden sehen sich an und haben schreckliche Angst. Doch dann kommt alles anders …"*
Bei dieser Antwort kannst du auch anderer Meinung sein. Es ist nur wichtig, dass du erklärst, warum du meinst, dass es gut oder schlecht ausgeht.

Lösungsvorschlag:

Ich glaube, dass die Geschichte gut für Philipp und Anne endet, denn von ihren vorherigen Abenteuern mit dem magischen Baumhaus sind die beiden auch immer wohlbehalten zurückgekehrt.

1.8 Woran merkt Philipp am Strand, dass sich auf dem Segelschiff Piraten befinden?

Hinweis: *Siehe Zeilen 28/29: „Jetzt kann er sogar schon die Flagge erkennen. (…) Eine Totenkopfflagge: PIRATEN!!!“*

Philipp erkennt die Flagge des Segelschiffes. Es ist eine Totenkopfflagge und Philipp weiß, dass Piraten sie benutzen.

1.9 Welche Aussagen sind richtig, welche falsch? Kreuze an.

Hinweis: *Antwort 1 stimmt nicht, denn nur ein Pirat hat eine Augenklappe (siehe Zeilen 35/36). Von Schatzkarten ist in der Geschichte nicht die Rede, daher ist Antwort 2 ebenfalls falsch. Antwort 3 ist richtig: Ein Pirat schnappt sich Philipp, ein anderer Anne (siehe Zeilen 33/34 und 36). Antwort 4 ist richtig, denn der Pirat, der Philipp festhält, hat einen „struppigen schwarzen Bart“ (siehe Zeilen 34/35).*

	richtig	falsch
Alle Piraten haben eine Augenklappe.	☐	☒
Die Piraten haben zwei Schatzkarten.	☐	☒
Zwei Piraten schnappen die Geschwister.	☒	☐
Ein Pirat hat einen struppigen schwarzen Bart.	☒	☐

1.10 Wie sehen die Piraten aus?
Unterstreiche die Textstellen, die dir darüber etwas verraten.

Hinweis: *Die Stellen, die du unterstreichen musst, findest du in den Zeilen 32 bis 36.*

Drei <u>große Piraten</u> springen aus dem Boot und laufen den Kindern hinterher. Der größte der Piraten schnappt Philipp und hält ihn mit seinen <u>kräftigen Armen</u> fest. Er hat einen <u>struppigen schwarzen Bart und eine Augenklappe über einem Auge</u>.

Text 2

2.1 Welche zwei Dinge unterscheiden Benedikt von den anderen Piraten?

Hinweis: *„Benedikt sah so gar nicht aus wie ein Pirat" (siehe Zeilen 2/3). „Und im Gegensatz zu den anderen Piraten (...) handelte Benedikt stets überlegt und gewitzt" (siehe Zeilen 5 bis 8).*

1. **Sein Aussehen**
2. **Seine Klugheit**

2.2 Was steht im Text?

Hinweis: *Antwort 1: Nicht seine Eltern, sondern sein Vater und Großvater segelten übers Meer (siehe Zeilen 9/10). Antwort 2: Benedikts Schiff heißt Veronica (siehe Zeile 23). Der Name seiner Mutter wird nicht erwähnt. Antwort 3 stimmt: „So unterrichtete seine Mutter ihn in Lesen, Schreiben und Rechnen und lehrte ihn Höflichkeit und Anstand" (siehe Zeilen 16/17). Antwort 4 stimmt auch: „Schon sein Vater und sein Großvater segelten übers Meer und raubten die Handelsschiffe aus (...)" (siehe Zeilen 9/10).*

	richtig	falsch
Schon Benedikts Eltern segelten übers Meer.	☐	☒
Benedikts Mutter heißt Veronica.	☐	☒
Benedikts Mutter war auch seine Lehrerin.	☒	☐
Benedikts Vater war Pirat.	☒	☐

2.3 Mit wie vielen Jahren wurde Benedikt Pirat?

Hinweis: *Im Text steht, dass ihm mit 19 Jahren etwas ganz Besonderes geschah und er zu diesem Zeitpunkt bereits zwei Jahre zur See gefahren ist (siehe Zeilen 18 bis 21). Also wurde er mit 17 Jahren Pirat.*

Benedikt wurde mit 17 Jahren Pirat.

2.4 Warum verjagte Benedikt das andere Piratenschiff?

Hinweis: *Im Text steht: „Benedikt hatte sofort einen Plan im Kopf und handelte“ (siehe Zeile 41). Welchen Plan er hatte, steht nicht im Text. Du musst es dir selbst überlegen. Dass er es nicht mochte, wenn andere Schiffe ausgeraubt werden, ist unwahrscheinlich, denn er raubte ja selbst Schiffe aus. Benedikt wollte dieses Schiff aber nicht selbst ausrauben, denn er bot ja an, dass er das Schiff beschützen würde (siehe Zeilen 43 bis 45). Allerdings hatte er für diesen Schutz keinen Auftrag des Königs, wie es in Antwort 3 steht. Antwort 4 ist also richtig.*

- ☐ Benedikt mag es nicht, wenn andere Schiffe ausgeraubt werden.
- ☐ Benedikt will das Handelsschiff selbst ausrauben.
- ☐ Benedikt beschützt im Auftrag des Königs die Handelsschiffe.
- ☒ Benedikt will der Prinzessin imponieren und ihr Vertrauen gewinnen.

2.5 Isabel ist …

Hinweis: *Im Text steht, dass das Handelsschiff unter der Flagge des portugiesischen Königs fuhr (siehe Zeilen 35/36) und dass Benedikt das Mädchen als jüngste Tochter des Königs erkennt (siehe Zeilen 39/40).*

- ☒ die Prinzessin von Portugal.
- ☐ die Prinzessin von Spanien.
- ☐ die älteste Tochter des Königs.
- ☐ die jüngste Tochter eines Piraten.

2.6 Welche Aussage stimmt?
Kreuze an.

Hinweis: *Antwort 1: Die anderen Piraten verbreiten Angst und Schrecken (siehe Zeilen 5 bis 7), nicht aber Benedikt. Antwort 2: „So unterrichtete seine Mutter ihn in Lesen, Schreiben und Rechnen und lehrte ihn Höflichkeit und Anstand" (siehe Zeilen 16/17). Das heißt, dass Benedikt gebildet ist. Antwort 3: Die Mannschaft schrubbt das Deck des Schiffes, nicht aber Benedikt (siehe Zeilen 25 bis 30). Antwort 4: „Isabel war verzückt von Benedikts Scharfsinn und Witz" (siehe Zeilen 47/48) und nicht umgekehrt.*

- ☐ Benedikt verbreitet Angst und Schrecken.
- ☒ Benedikt ist gebildet.
- ☐ Benedikt schrubbt das Deck seines Schiffes.
- ☐ Benedikt ist von Isabels Scharfsinn und Witz verzückt.

2.7 Welche Eigenschaften treffen auf Benedikt zu? Kreuze alle an.

Hinweis: *Benedikt handelt überlegt (also klug) und gewitzt (siehe Zeilen 7/8), er ist aber nicht wunderschön (davon ist in der Beschreibung zu Benedikts Aussehen in den Zeilen 3 bis 5 nicht die Rede) und auch nicht verschlagen, denn dieses Wort meint eine hinterlistige Klugheit.*

- ☒ klug
- ☐ wunderschön
- ☒ gewitzt
- ☐ verschlagen

2.8 Wieso wurde Benedikt Pirat?

Hinweis: *Siehe Zeilen 9/10 und 14/15: „Benedikt stammte aus einer Piratenfamilie. Schon sein Vater und sein Großvater segelten übers Meer und raubten die Handelsschiffe aus (...)." „Und wenn Benedikt schon das Erbe seines Vaters übernehmen sollte (...)."*

- ☒ Weil er aus einer Piratenfamilie stammt.
- ☐ Weil er zeigen wollte, wie klug er war.
- ☐ Weil seine Mutter ihn das gelehrt hatte.
- ☐ Weil die anderen Piraten ihn faszinierten.

2.9 Die Überschrift für den Text lautet „Der etwas andere Pirat“. Welche der folgenden Überschriften würde noch passen?

Hinweis: *Antwort 1: Es wird nur in einem Satz gesagt, dass die Piraten Angst und Schrecken verbreitet haben. Die Überschrift ist daher nicht passend für den ganzen Text. Antwort 2: Benedikt und Isabel sind zwar am Ende des Textes auf dem Weg nach Afrika, aber noch nicht dort angekommen. Auch dass sie schließlich heirateten, sagt nichts darüber, ob sie etwas in Afrika erlebt haben. Antwort 3: Das Handelsschiff hat zwar vermutlich reiche Ware an Bord, auch weil es vornehm geschmückt war, doch von Gold und Juwelen ist im Text keine Rede.*

- ☐ „Gräueltaten der Piraten im 19. Jahrhundert“
- ☐ „Benedikt und Isabel in Afrika“
- ☐ „Gold und Juwelen“
- ☒ Keine der Überschriften passt.

2.10 Der Text endet mit dem Satz: „Benedikt hatte den Clou seines Lebens gemacht.“ Was ist damit gemeint?

Hinweis: *Die Antwort auf diese Frage findest du nicht im Text. Überlege dir, was Benedikt im Laufe der Geschichte gelingt und was das für ihn bedeutet.*

Damit ist gemeint, dass er die Frau seines Lebens gefunden hat.

Beispieltest 2

Text 1

1.1 Welche Fahrbahn findest du auf der Karte?

Hinweis: *Die Wildwasserbahn findest du in westlicher Richtung des Parks.*

- [x] Wildwasserbahn
- [ ] Pistenflitzer
- [ ] Eichhörnchenbahn
- [ ] Flotte Lotte

1.2 Maria ist im Streichelzoo und möchte mit der Parkbahn zum Ausgang fahren. An welcher Haltestelle muss sie einsteigen?

Hinweis: *Zur Haltestelle „Puppentheater" müsste sie weiter laufen.*

Die nächste ist die Haltestelle „Achterbahn".

1.3 Lisa und Frederik wollen vom Picknickplatz zum Kiosk am Puppentheater laufen. Nummeriere in der richtigen Reihenfolge.

Hinweis: *Fahre den Weg mit dem Finger ab.*

4 Märchenweg
1 Räubergasse
3 Platz der Späße
2 Parkallee

1.4 Frieda verpasst an einem Dienstag an der Haltestelle „Achterbahn" den Bus um 12.20 Uhr. Wann geht dort der nächste Bus?

Hinweis: *Du kannst auf dem Fahrplan ablesen, dass die Busse stündlich bis 17.20 Uhr dort abfahren. Dafür musst du auf den Fahrplan des roten Busses schauen, da der blaue Bus unter der Woche nicht fährt.*

Der nächste Bus an der Haltestelle „Achterbahn" fährt um 13.20 Uhr ab.

1.5 Jule läuft durch den Park. Zeichne den Weg auf der Karte ein.

Jule läuft vom Eingang der Wildwasserbahn zum Eingang des Labyrinths. Danach muss sie auf die Toilette in den Osteingang und geht dann auf direktem Weg zum Streichelzoo.

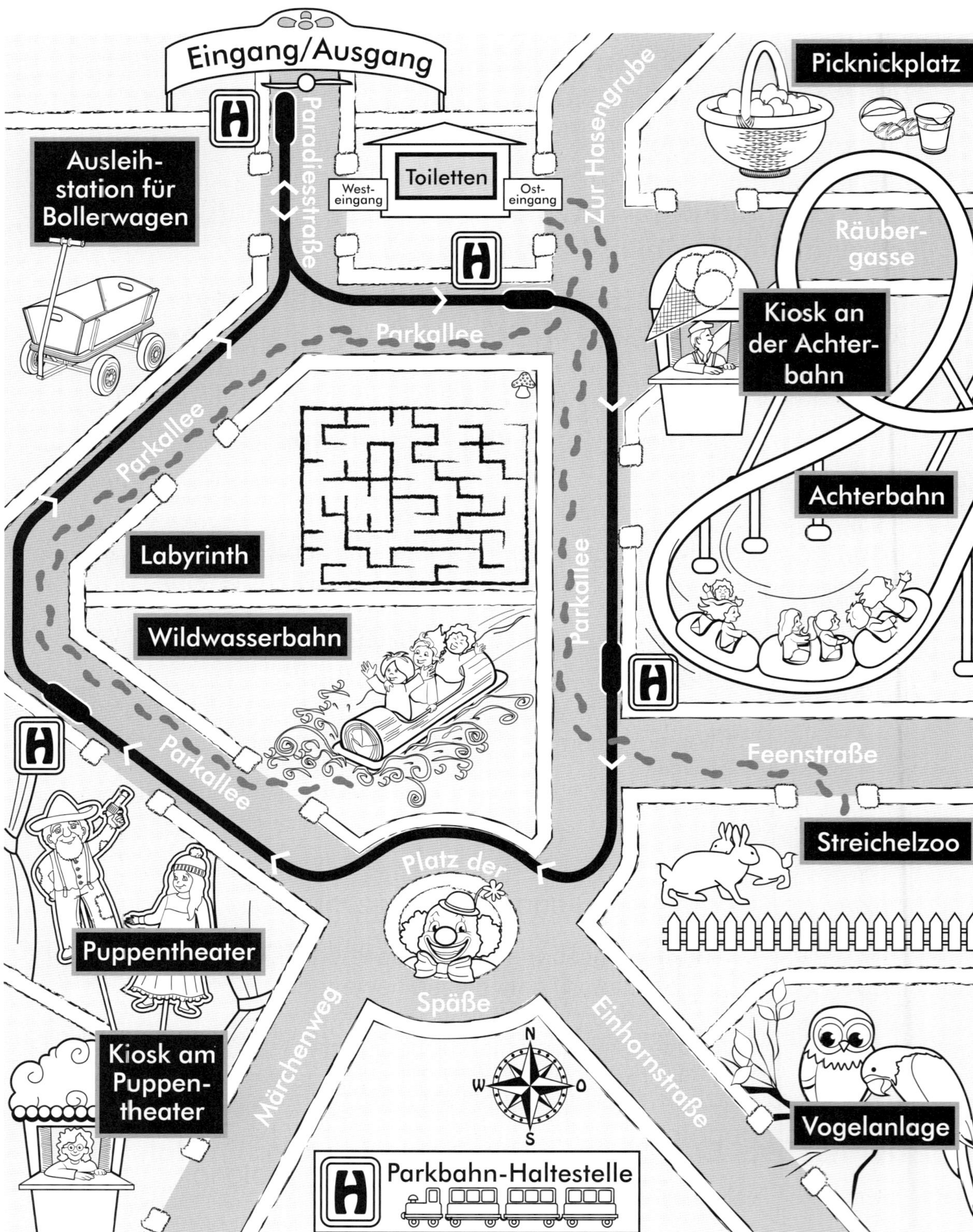

1.6 An der Einhornstraße ist der Eingang …

Hinweis: Siehe auf der Karte in die südöstliche Richtung.

- [ ] zur Achterbahn
- [ ] zum Puppentheater
- [ ] zum Picknickplatz
- [x] zur Vogelanlage

1.7 Markus möchte vom Puppentheater aus in den Streichelzoo. Soll er die Parkbahn nehmen? Begründe deine Antwort.

Es lohnt sich nicht für Markus, den Bus zu nehmen, denn er müsste eine ganze Runde fahren, bis er am Streichelzoo ankommt. Zu Fuß ist er schneller am Ziel.

1.8 Auf welchen Straßen fährt die Parkbahn?

***Hinweis:** Die Bahn startet an der Haltestelle „Eingang/Ausgang" auf der „Paradiesstraße" und fährt dann weiter über einen Rundweg immer an der „Parkallee" entlang. Dabei überquert sie auch den „Platz der Späße".*

Die Parkbahn fährt auf der „Paradiesstraße", auf der „Parkallee" und auf dem „Platz der Späße".

1.9 Wann fährt samstags die letzte Parkbahn an der Haltestelle „Picknickplatz"?

***Hinweis:** Samstags musst du auch auf den Fahrplan des blauen Busses sehen.*

Die letzte Parkbahn an der Haltestelle „Picknickplatz" fährt samstags um 17.30 Uhr.

1.10 Wie lange braucht der rote Bus von der Haltestelle „Picknickplatz" zur Haltestelle „Puppentheater"?

***Hinweis:** Die Busse fahren stündlich gleich. Du musst also die Zeit von der Abfahrt an der ersten Haltestelle bis zur Abfahrt an der zweiten Haltestelle berechnen, z. B.: 10.10 Uhr bis 10.30 Uhr = 20 Minuten*

Der Bus benötigt für diese Strecke 20 Minuten.

1.11 Wie häufig in einer Stunde fährt sonntags die Parkbahn am Eingang/Ausgang ab?

Hinweis: *Du musst die Abfahrt von dem roten und dem blauen Bus beachten.*

- [ ] einmal
- [x] zweimal
- [ ] dreimal
- [ ] gar nicht

Text 2

2.1 Die Kinder sind …

Hinweis: *Siehe Zeilen 1 bis 3: „Manchmal nimmt er sogar ein Buch oder ein Heft mit in die Pause […] Auch heute sitzt er …“*

- [ ] im Unterricht.
- [ ] auf einem Ausflug.
- [ ] bei der Post.
- [x] in der Pause.

2.2 Carsten und Silvio…

Hinweis: *Siehe Zeilen 11 bis 15: „Ich hab eine Idee.“ Er flüstert Carsten etwas ins Ohr […] Dann schlendern die beiden in Richtung Mario. […] Sie legen Papier und Milchtüte schnell unter Marios baumelnde Beine und gehen weiter.“*

- [ ] haben noch Hunger.
- [x] spielen Mario einen Streich.
- [ ] wollen sehen, was Mario aufgeschrieben hat.
- [ ] wollen mit Mario spielen.

2.3 Warum bemerkt Mario die beiden Jungs nicht, als sie sich ihm nähern?

Hinweis: *Siehe Zeilen 13/14: „Der ist so in sein Heft vertieft, dass er Carsten und Silvio nicht bemerkt.“*

Weil er in sein Heft vertieft ist.

2.4 Wie viele Lehrkräfte befinden sich zur Aufsicht auf dem Schulhof?

Hinweis: *Siehe Zeilen 17/18: „Frau Gonser und Herr Abelein haben Pausenaufsicht und drehen ihre Runden über den Schulhof."*

- ☐ keiner
- ☐ einer
- ☒ zwei
- ☐ drei

2.5 Mario …

Hinweis: *Die erste Aussage stimmt. Siehe Zeilen 25/26: „Und damit du lernst, dass der Abfall in den Abfalleimer gehört, sammelst du alle Milchtüten auf dem Schulhof ein." Die dritte Aussage ist ebenfalls richtig. Siehe Zeilen 3/4: „… sitzt er auf einer Mauer und liest in seinem Sachkundeheft." Und die fünfte Aussage stimmt. Siehe Zeile 1: „Mario ist ein fleißiger und guter Schüler."*

	richtig	falsch
… soll alle Milchtüten auf dem Schulhof einsammeln.	☒	☐
… entschuldigt sich bei Carsten und Silvio.	☐	☒
… liest ein Sachkundeheft.	☒	☐
… sagt Herrn Abelein, dass Frau Gonser sich täuscht.	☐	☒
… ist fleißig in der Schule.	☒	☐
… nimmt alle Schuld auf sich.	☐	☒

2.6 Frau Gonser sorgt auf dem Schulhof für Ordnung. Nenne zwei Beispiele dafür.

Hinweis: *Siehe Zeile 33 und Zeile 34: „Bevor Silvio etwas tun kann, ist schon Frau Gonser da."*

Zum einen sorgt Frau Gonser dafür, dass die Kinder keinen Müll auf den Schulhof schmeißen. Außerdem geht sie dazwischen, wenn sich Kinder auf dem Schulhof streiten.

2.7 Frau Gonser ...

Hinweis: *Die erste Aussage stimmt. Frau Gonser beschuldigt Mario, dass er den Müll auf den Schulhof geschmissen hat. Siehe Zeilen 19 bis 23. Die dritte Aussage ist ebenfalls richtig, denn Mario soll die Milchtüten vom Schulhof aufsammeln. Siehe Zeilen 25/26. Die vierte Aussage stimmt auch, denn Frau Gonser sagt in der Zeile 40 „Entschuldigung, Mario."*

	richtig	falsch
... beschuldigt Mario.	☒	☐
... tröstet Mario.	☐	☒
... bestraft Mario.	☒	☐
... entschuldigt sich bei Mario.	☒	☐
... lobt Mario.	☐	☒

2.8 Glaubst du, dass Silvio und Carsten häufiger andere Kinder ärgern? Begründe mithilfe des Textes.

Hinweis: *Siehe Zeilen 6/7: „Sie rennen in der Pause lieber herum, spielen Fangen und hecken Streiche aus."*

Ich glaube schon, dass die beiden häufiger Kinder ärgern, denn im Text steht, dass sie gerne Streiche aushecken.

2.9 Mario beteuert öfters, dass er das Papier und die Milchtüte nicht liegen gelassen hat. Unterstreiche die Sätze im Text, die das aussagen.

Frau Gonser und Herr Abelein haben Pausenaufsicht und drehen ihre Runden über den Schulhof. Genau vor Mario bleibt Frau Gonser stehen. Sie tippt ihn an und zeigt nach unten. „Was ist das?" „<u>Weiß ich nicht</u>", antwortet Mario. „So, das weißt du nicht." Frau Gonser tut erstaunt. „Wenn ich mich nicht täusche, ist das eine Milchtüte und ein Butterbrotpapier." „<u>Das ist aber nicht von mir</u>." „Ach! Dann hat das wohl der Wind genau unter deine Beine gepustet." Mario zieht die Schultern hoch. „<u>Weiß ich nicht. Aber von mir ist es nicht</u>." Frau Gonser schaut Mario an. „Das hebst du jetzt auf! Und damit du lernst, dass der Abfall in den Abfalleimer gehört, sammelst du alle Milchtüten auf dem Schulhof ein."

Mario rutscht von der Mauer und ist wütend. Silvio und Carsten lachen sich fast kaputt. Als Mario in ihre Nähe kommt, ruft Silvio: „Da liegt noch eine Milchtüte, du Tüte!" Und wieder lachen die beiden wie verrückt. Mario weiß sofort, dass Silvio und Carsten ihm diesen Streich gespielt haben. Plötzlich fühlt er so viel Wutkraft in sich, dass er sich auf Silvio stürzt und ihn packt. „Sag Frau Gonser, dass ich es nicht war!", schreit er und schüttelt Silvio. Bevor Silvio etwas tun kann, ist schon Frau Gonser da. „Was machst du denn?", fragt sie und zerrt Mario weg. „Zuerst Abfall wegwerfen und dann auch noch schlagen. Das wird ja immer schöner mit dir!" „Der hat den Abfall weggeworfen!", ruft Mario.

2.10 Jessica findet, dass Silvio und Carsten stärker bestraft werden als Mario und findet das ungerecht. Glaubst du das auch? Begründe mithilfe des Textes.

Lösungsvorschläge:

Jessica hat Recht, denn Mario hätte nur die Milchtüten aufsammeln sollen und Silvio und Carsten sollen den ganzen Abfall aufsammeln.

Jessica hat nicht Recht, denn Silvio und Carsten sollen zwar mehr Abfall aufsammeln, aber sie hätten eine größere Strafe verdient. Sie haben nicht nur Müll hingeworfen, sondern auch einen Mitschüler sehr gemein geärgert, so dass dieser zu Unrecht beschuldigt wurde.

Tag 2 – weitere Kompetenzbereiche

Beispieltest 3: Kompetenzbereich Rechtschreiben

1. Höre dir die Sätze (Track 8) an.
Die Sätze werden dir langsam und vollständig vorgelesen.
Lies im Text mit und setze die fehlenden Wörter ein.

Hinweis:
Zu a): „geht" wird kleingeschrieben, weil es ein Verb ist. Es wird mit einem Dehnungs-h geschrieben, weil das „e" lang gesprochen wird. Du hörst es, wenn du die Grundform bildest: gehen.
Zu b): „Erlebnis" wird großgeschrieben, weil es ein Nomen ist (das Erlebnis). Merke dir, dass die Endung -nis immer mit einem einfachen „i" geschrieben wird.
Zu c): „Fußball" wird großgeschrieben, weil es ein Nomen ist. Es wird mit einem „ß" geschrieben, weil es scharf gesprochen wird und das vorangestellte „u" lang gesprochen wird. Das Wort wird mit einem Doppel-l geschrieben, weil das vorangestellte „a" kurz gesprochen wird.
Zu d): „Pünktlichkeit" wird großgeschrieben, weil es ein Nomen ist (genauer ein substantiviertes Adjektiv). Das hörst du auch an der Endung „-keit".
Zu e): „Spaß" wird großgeschrieben, weil es ein Nomen ist. Es wird mit einem „ß" geschrieben, weil es scharf gesprochen wird und das vorangestellte „a" lang gesprochen wird.
Zu f): „Hund" wird großgeschrieben, weil es ein Nomen ist. Dass es am Ende mit „d" geschrieben wird, hörst du, wenn du die Mehrzahl bildest: Hunde.
Zu g): „hätte" wird mit „ä" geschrieben, weil es von dem Wort „hat" kommt.
Zu h): „sauberer" wird kleingeschrieben, weil es ein Adjektiv ist. Das Wort ist die Steigerung von „sauber". Achte deshalb besonders auf die Endung: -erer.
Zu i): „Auslauf" wird großgeschrieben, weil es ein Nomen ist: der Auslauf.
Zu j): „Vogel" wird großgeschrieben, weil es ein Nomen ist. Dass es am Anfang mit „V" geschrieben wird, musst du dir merken.

a) Sofie **geht** gerne zum Ballett.

b) Jedes Training ist für sie ein großes **Erlebnis**.

c) Ihr Bruder Leon spielt lieber **Fußball**.

d) **Pünktlichkeit** ist jedoch nicht seine Stärke.

e) Beide haben bei ihren Hobbys viel **Spaß**.

f) Lenas Haustier ist ein **Hund**.

g) Luca **hätte** lieber eine Katze.

h) Er sagt, dass Katzen viel **sauberer** sind als Hunde.

i) Lena behauptet aber, dass man mit einem Hund mehr **Auslauf** bekommt.

j) Mutter ermahnt die Kinder, sie sollen aufhören, sonst gäbe es demnächst für jeden einen **Vogel**.

2. In den folgenden Sätzen sind einige Wörter falsch geschrieben. Rechts steht in Klammern die Anzahl der Fehler in dieser Zeile. Streiche die falsch geschriebenen Wörter durch. Schreibe sie richtig darunter.

Hinweis:
Zeile 1: Wald wird mit „d" geschrieben. Das hörst du, wenn du die Mehrzahl bildest: Wälder. „spazieren" wird ohne „t" geschrieben, weil das vorangestellte „a" lang gesprochen wird.
Zeile 2: „Bäume" wird mit „äu" geschrieben, weil es von dem Wort „Baum" kommt. Das „Laub" wird groß geschrieben, weil es ein Nomen ist.
Zeile 3: „lieber" wird mit „b" geschrieben. Du hörst es, wenn du es sehr deutlich sprichst.
Zeile 4: „Getränke" wird mit „ä" geschrieben, weil es mit dem Wort „trinken" verwandt ist und dessen Vergangenheitsform mit „a" geschrieben wird, z. B.: Ich trank meine Milch aus. „Rucksack" wird mit „ck" geschrieben, weil das „u" kurz gesprochen wird und für ein Doppel-k im Deutschen ein „ck" geschrieben wird.

a) Felix geht im ~~Walt spatzieren~~.
Wald spazieren

b) Finja hüpft unter den ~~Beumen~~ durch das ~~laub~~.
Bäumen **Laub**

c) Moritz hört ~~lieper~~ den Vögeln zu.
lieber

d) Julia holt das Essen und die ~~Getrenke~~ aus dem ~~Ruksack~~.
Getränke **Rucksack**

3. Dies ist eine Satzschlange. Schreibe den Text richtig ab. Beachte die Wortgrenzen und die Groß- und Kleinschreibung.

Hinweis: *Wenn du den Text in Gedanken mitsprichst, kannst du die Wortgrenzen leichter finden. „In", „Wir", „Ich" und „Hoffentlich" stehen am Satzanfang und werden großgeschrieben. „Ferien", „Eltern", „Italien", „Haus", „Meer", „Muscheln", „Wetter" und „Sonnenschein" sind Nomen (Namenwörter). Sie werden auch großgeschrieben. Alle anderen Wörter schreibt man klein.*

INDENFERIENFAHREICHMITMEINENELTERNNACHITALIEN.WI
RWOHNENDORTINEINEMHAUSAMMEER.ICHMÖCHTEGANZVI
ELSCHWIMMENUNDMUSCHELNSAMMELN.HOFFENTLICHHAB
ENWIRSCHÖNESWETTERMITVIELSONNENSCHEIN.

In den Ferien fahre ich mit meinen Eltern nach Italien. Wir wohnen dort in einem Haus am Meer. Ich möchte ganz viel schwimmen und Muscheln sammeln. Hoffentlich haben wir schönes Wetter mit viel Sonnenschein.

4. Wie wird das Wort richtig geschrieben? Streiche die falsche Schreibweise durch.

Hinweis:
Zu a): „Boot" wird mit einem Doppel-o geschrieben, weil das „o" lang gesprochen wird. „mühsam" wird mit einem Dehnungs-h geschrieben, weil das „ü" lang gesprochen wird.
Zu b): „Mond" wird mit „d" geschrieben. Das hörst du, wenn du die Mehrzahl bildest: Monde. „Tag" wird mit „g" geschrieben. Das hörst du auch, wenn du die Mehrzahl bildest: Tage.

a) Ich fahre mit dem ~~**Bot**~~/**Boot** über den See.
Die Überfahrt ist sehr **mühsam**/~~**müsam**~~.

b) In der Nacht steht der ~~**Mont**~~/**Mond** am Himmel.
Am **Tag**/~~**Tak**~~ scheint die Sonne.

5. Sortiere die folgenden Wörter in alphabetischer Reihenfolge, indem du sie nummerierst.

Hinweis: *Wenn du Wörter alphabetisch ordnest, musst du dich zunächst nach dem ersten Buchstaben richten. Wenn dieser gleich ist, ordnest du nach dem zweiten Buchstaben und immer so weiter. Wenn ein Wort die Umlaute „ä", „ö" oder „ü" enthält, wird das Wort so geordnet wie die Vokale (Selbstlaute) „a", „o" oder „u". Die Wortart spielt hierbei keine Rolle.*
Beispiel: Bruder, Brüllbär, Brunft

5 Lerche
2 Acht
1 Aachen
7 lieb
6 Libelle
3 Alarm
4 alt

6. Lies den Text und setze die Satzzeichen (: , . ? ! „“) ein.

Hinweis: *Satzzeichen gehören zu einem Satz und ordnen ihn. Häufig kann man einen Satz durch Satzzeichen besser verstehen.*
Der Punkt zum Beispiel beendet einen Satz. Das Komma wird häufig bei Aufzählungen benutzt.

Das Ausrufezeichen steht am Satzende, wenn der Satz eine Aufforderung oder ein Ausruf ist: Jana! Beeil dich! Keine Panik!

Das Fragezeichen beendet einen Satz, wenn eine Frage gestellt wurde. Fragen beginnen mit einem Fragewort oder einem Verb (Tunwort): Ist es denn wirklich schon so spät?

Wörtliche Rede in einem Text zeigt, was eine oder mehrere Personen sagen oder denken. Sätze mit wörtlicher Rede bestehen aus einem Begleitsatz und der wörtlichen Rede. Die wörtliche Rede kann auch aus mehreren Sätzen bestehen. Man erkennt den Begleitsatz an bestimmten Signalwörtern wie „sagen“, „fragen“, „erklären“, „sprechen“, „äußern“ oder „erwidern“.

Steht der Begleitsatz am Anfang, trennt ein Doppelpunkt Begleitsatz und wörtliche Rede. Steht der Begleitsatz am Ende, trennt ein Komma wörtliche Rede und Begleitsatz.

Steht der Begleitsatz nach der wörtlichen Rede und würde am Ende der wörtlichen Rede ein Punkt stehen, so wird dieser weggelassen. Steht dort jedoch ein Frage- oder Ausrufezeichen, so wird das Satzzeichen geschrieben.

Jana und Farid wollen ins Freibad**.**

„Jana**!** Beeil dich**!** Ich will bald dort sein**.** Sonst ist es so voll**“,** ruft Farid**.**

Jana antwortet**: „**Keine Panik**!** Ist es denn wirklich schon so spät**?“**

Darauf erwidert Farid**: „**Und ob**!** Es ist schon vier Uhr**.“**

7. Ergänze die fehlenden Buchstaben.

Hinweis:
Zu a): „Wind“ und „wild“ werden mit einem einfachen „i“ geschrieben, weil die Laute kurz gesprochen werden. „Wiese“ schreibt man mit „ie“, weil der Laut lang gesprochen und dadurch gedehnt wird.
Zu b): „Fee“ schreibt man mit Doppel-e und „Haare“ mit Doppel-a, weil die Laute lang gesprochen und dadurch gedehnt werden. Das Wort „früh“ schreibt man mit einem Dehnungs-h, weil auch der Laut „ü“ lang gesprochen wird.
Zu c): „Mutter“ wird mit Doppel-t und „Stofftier“ mit Doppel-f geschrieben, weil die vorangestellten Vokale (Selbstlaute) kurz gesprochen werden. „Blumen“ wird mit einfachem „m“ geschrieben, weil der vorangestellte Vokal (Selbstlaut) lang gesprochen wird.

a) Der W**i**nd bläst über die W**ie**se.
Die Grashalme biegen sich w**i**ld hin und her.

b) Die F**ee** hat goldene Flügel und weiße H**aa**re.
Sie steht gerne fr**üh** auf.

c) Leila kauft ihrer Mu**tt**er Blu**m**en und ein Sto**ff**tier.

8. Setze die Buchstaben F/f, V/v oder W/w richtig ein.
Achte auf die Groß- und Kleinschreibung.

Hinweis: *Das „v“ hört sich in einigen Wörtern wie ein „w“ und in einigen Wörtern wie ein „f“ an. Welcher Buchstabe jeweils geschrieben wird, musst du dir merken. Wörter mit den Vorsilben „ver-“ oder „vor-“ werden immer mit „v“ geschrieben. Aber Vorsicht: Es gibt auch Wörter, die mit den Buchstaben „fer-“ oder „for-“ beginnen (zum Beispiel Ferse, fertig, Ferkel, fordern, Form, Formel).*

a) Marios **V**ater arbeitet als Lehrer.
Er geht gerne im **W**ald spazieren.
Sein Lieblingsessen ist **F**isch mit Kartoffeln.

b) Lena beobachtet **v**orsichtig einen Spatz.
Er **f**liegt hastig im Garten umher.
Dann trinkt er **W**asser aus einer Pfütze.

c) Jiri liest ein spannendes Buch über **V**ampire.
Beim Lesen taucht er in eine andere **W**elt ein
und **v**ergisst alles um sich herum.

9. Beantworte folgende Fragen.

Hinweis: *Bei vielen Wörtern kannst du durch Überlegen darauf kommen, wie sie geschrieben werden. Dabei gibt es verschiedene Tricks: zum Beispiel verlängern, um den letzten Buchstaben eines Wortes zu erkennen, oder überlegen, mit welchem Wort das gesuchte Wort verwandt ist, um die Schreibweise abzuleiten.*

Wie finde ich heraus, dass …

…das Wort „König" am Ende mit „g" geschrieben wird?
Indem ich das Wort verlängere: König – Könige.

… das Wort „Mäuse" in der Mitte mit „äu" geschrieben wird?
Indem ich überlege, mit welchem Wort es verwandt ist, nämlich „Maus".

… das Wort „Heringssalat" mit „gs" und nicht mit „x" geschrieben wird?
Indem ich überlege, dass das Wort ein zusammengesetztes Namenwort ist (Hering + Salat) und der Hering am Ende mit „g" geschrieben wird (Hering – Heringe). Bei dem „s" handelt es sich um ein Fugen-s, welches manchmal zwischen zwei Nomen eines zusammengesetzten Namenwortes gesetzt wird, damit es sich flüssiger anhört.

Beispieltest 4: Kompetenzbereich Zuhören

Transkript von Track 9:

Wir Kinder aus dem Möwenweg

Ich heiße Tara und bin acht Jahre alt. Das finde ich ein gutes Alter, weil man nicht mehr so klein ist wie die Kindergartenbabys und die Erste-Klasse-Zwerge, aber erwachsen ist man zum Glück auch noch nicht. Sowieso finde ich, ich habe es schön. Eigentlich finde ich sogar, bei uns haben wir es am schönsten auf der Welt.
„Das kommt nur, weil du so einen coolen Bruder hast", sagt Petja. Aber das ist ganz bestimmt nicht wahr. Auf Petja könnte ich nämlich meistens ganz gut verzichten. Brüder sind eigentlich sehr unpraktisch. Einmal habe ich Mama gefragt, warum sie nicht lieber nur lauter Mädchen gekriegt hat. Mit denen hätte ich dann gut spielen können. „Das sucht man sich nicht aus, Tara", hat Mama gesagt. „Und sooo schlimm sind Petja und Maus doch auch nicht."
Aber sie hat überhaupt keine Ahnung, wie blöde Petja manchmal sein kann. Immer will er alles bestimmen, weil er findet, mit zehn ist man schon fast jugendlich. Und Maus isst mir immer meine Schokolade weg, auch wenn ich sie an einem geheimen Ort versteckt habe. Und dabei suche ich mir schon immerzu neue geheime Orte.
Also an Petja und Maus liegt es ganz bestimmt nicht, dass es bei uns so schön ist. Und dass ich nirgendwo sonst wohnen möchte, auf der ganzen Welt nicht, nirgends. Ich glaube, es kommt einfach, weil bei uns alles am schönsten ist. Die Nachbarn sind alle so nett (fast) und wir haben einen Garten und hinter unserem Zaun fangen gleich die Felder an. Da gibt es Kühe und wilde Kaninchen, und einmal haben wir sogar ein Reh gesehen.
„Ja, ja, wir sind richtige Landpomeranzen geworden", sagt Mama und gießt unser Erdbeerbeet mit der großen Zinkgießkanne. Ich bin gerne eine Landpomeranze, aber ich glaube, am allerschönsten ist doch, dass wir in unserer Reihe so viele Kinder sind. Als wir im Winter hergezogen sind, waren wir das ja noch nicht. „Wenn man in ein Reihenhaus zieht, kriegt man die Nachbarn gleich mitgeliefert", hat Papa gesagt. „Die kann man sich nicht aussuchen." „Gott steh uns bei, dass wir einigermaßen Glück haben", hat Mama gesagt. „Dass wir nicht lauter so alte Scharteken kriegen."
Und das muss Gott wohl gehört haben. Jedenfalls haben wir sogar ziemliches Glück. Und das will ich jetzt erzählen. Unsere Reihe hat sechs Häuser, Nummer 5a bis f, und das sieht so aus: Wir wohnen im vorletzten Haus, das ist die Nummer e, und zuerst war das Haus neben uns noch leer. Das Endhaus. Aber im Haus auf der anderen Seite haben

schon Leute gewohnt, ein Mann und eine Frau, die heißen Herr und Frau Voisin und sind noch nicht richtig alt. Aber richtig jung sind sie auch nicht mehr.
„Hast du Kinder, Frau Voisin?“, hat Maus gefragt, als Mama und Papa gleich nach dem Umzug mit uns bei ihnen geklingelt haben, um zu sagen, dass wir die neuen Nachbarn sind. „Oder hast du nur einen Hund?“ Da hat Frau Voisin gesagt, dass sie keine Kinder hat und auch keinen Hund, und ob Maus denn nicht weiß, dass man zu erwachsenen Leuten nicht du sagen darf. Sie hat dabei gelächelt, aber man konnte schon merken, dass sie nicht richtig freundlich war. Und ich finde, Maus darf doch du sagen, weil er erst vier ist. Ich bin ja schon acht und ich vergesse das auch noch manchmal.
„Na!“, hat Papa gesagt, als wir durch den Matsch zum nächsten Haus gestiefelt sind. Einen Plattenweg gab es ja nicht, die Häuser waren ja noch ganz neu. „Da seh ich Probleme voraus. Wollen wir hoffen, der Rest ist unproblematischer.“ Und das war der Rest auch. Als wir nämlich beim nächsten Haus geklingelt haben, hat Tienekes Mutter die Tür aufgemacht mit einem Malerkittel an und Farbtupfern auf den Haaren und einem dicken Pinsel in der Hand. Natürlich wussten wir da noch nicht, dass sie Tienekes Mutter war.
„Ach du je!“, hat sie gesagt, als Mama erklärt hat, dass wir die neuen Nachbarn aus Nummer e sind und uns nur mal kurz vorstellen wollen. „Das find ich ja nett! Aber bei uns ist alles noch Chaos!“ Dann hat sie plötzlich gelacht. „Aber bei Ihnen doch bestimmt auch, oder?“, hat sie gesagt und die Tür ganz weit aufgerissen. „Kommen Sie rein. Jetzt trinken wir alle eine Tasse Kaffee zusammen und lernen uns kennen.“

Aus: Kirsten Boie: Wir Kinder aus dem Möwenweg. Hamburg: Verlag Friedrich Oetinger, 2000.

1. Wie alt ist Tara?

Hinweis: *Gleich zu Beginn der Geschichte sagt Tara: „Ich heiße Tara und bin acht Jahre alt.“ Später erzählt sie noch, dass ihr großer Bruder Petja zehn Jahre und ihr kleiner Bruder vier Jahre alt ist. Diese beiden Antworten kannst du also auch anhand des weiteren Verlaufs der Geschichte ausschließen.*

- [ ] 4 Jahre
- [x] 8 Jahre
- [ ] 10 Jahre

2. Tara hat …

Hinweis: *In der Geschichte konntest du hören: „Einmal habe ich Mama gefragt, warum sie nicht lieber nur lauter Mädchen gekriegt hat. Mit denen hätte ich dann gut spielen können. ‚Das sucht man sich nicht aus, Tara', hat Mama gesagt. ‚Und sooo schlimm sind Petja und Maus doch auch nicht.'" Weiter hinten konntest du noch folgenden Hinweis hören: „Und ich finde, Maus darf doch du sagen, weil er erst vier ist. Ich bin ja schon acht und ich vergesse das auch noch manchmal."*

- ☐ … eine große Schwester und einen großen Bruder.
- ☐ … keine Schwester und einen großen Bruder.
- ☒ … einen kleinen Bruder und einen großen Bruder.
- ☐ … keine Geschwister.

3. Wie haben Tara und ihre Familie die Nachbarn das erste Mal kennengelernt?

Hinweis: *In der Geschichte konntest du hören: „‚Hast du Kinder, Frau Voisin?', hat Maus gefragt, als Mama und Papa gleich nach dem Umzug mit uns bei ihnen geklingelt haben, um zu sagen, dass wir die neuen Nachbarn sind." Weiter hinten konntest du noch folgenden Hinweis hören: „Als wir nämlich beim nächsten Haus geklingelt haben, hat Tienekes Mutter die Tür aufgemacht…"*

- ☒ Sie haben bei den Nachbarn geschellt, um sich vorzustellen.
- ☐ Sie haben die Nachbarn zufällig auf der Straße gesehen.
- ☐ Die Nachbarn haben zuerst bei Tara und ihrer Familie geschellt.
- ☐ Sie haben sich im Garten am Zaun gesehen.

4. Warum findet Tara, dass es bei ihnen am schönsten ist?

Hinweis: *In der Geschichte konntest du hören: „Ich glaube, es kommt einfach, weil bei uns alles am schönsten ist. Die Nachbarn sind alle so nett (fast) und wir haben einen Garten und hinter unserem Zaun fangen gleich die Felder an. Da gibt es Kühe und wilde Kaninchen, und einmal haben wir sogar ein Reh gesehen. ‚Ja, ja, wir sind richtige Landpomeranzen geworden', sagt Mama und gießt unser Erdbeerbeet mit der großen Zinkgießkanne. Ich bin gerne eine Landpomeranze, aber ich glaube, am allerschönsten ist doch, dass wir in unserer Reihe so viele Kinder sind."*

Zum einen gefallen Tara ihr Haus und dessen Umgebung wie der Garten und die angrenzenden Felder und die Menschen,

die auch dort wohnen. Zum anderen fühlt sich Tara aber vor allem wohl, weil in ihrer Nachbarschaft viele Kinder wohnen.

5. Sind alle Nachbarn von Tara und ihrer Familie nett? Begründe.

Hinweis: *In der Geschichte konntest du hören: „Da hat Frau Voisin gesagt, dass sie keine Kinder hat und auch keinen Hund, und ob Maus denn nicht weiß, dass man zu erwachsenen Leuten nicht du sagen darf. Sie hat dabei gelächelt, aber man konnte schon merken, dass sie nicht richtig freundlich war."*

Ich glaube nicht, dass alle Nachbarn von Tara nett sind, denn sie findet: „Die Nachbarn sind alle so nett (fast)" und erzählt von ihrer ersten Begegnung mit der Familie Voisin, in der Frau Voisin den kleinen Bruder Maus gemaßregelt hat und nicht besonders freundlich war.

6. Wie viele Familien sind bisher in die Reihenhäuser 5a–f eingezogen?

Hinweis: *Die zweite Antwort ist richtig. Neben Taras Familie ist noch die Familie Voisin eingezogen und später wird noch von Tienekes Familie gesprochen.*

- ☐ zwei Familien
- ☒ drei Familien
- ☐ vier Familien
- ☐ fünf Familien

7. Taras Papa sagt: „Wenn man in ein Reihenhaus zieht, kriegt man die Nachbarn gleich mitgeliefert." Was meint er damit?

Hinweis: *In der Geschichte konntest du hören: „‚Wenn man in ein Reihenhaus zieht, kriegt man die Nachbarn gleich mitgeliefert", hat Papa gesagt. ‚Die kann man sich nicht aussuchen.' ‚Gott steh uns bei, dass wir einigermaßen Glück haben', hat Mama gesagt. ‚Dass wir nicht lauter so alte Scharteken kriegen.'"*

In einer Reihenhaussiedlung stehen immer mehrere Häuser direkt aneinander mit jeweils zwei Endhäusern. Eine Familie kauft meistens ein Haus und hat natürlich keinen Einfluss darauf, wer in die benachbarten Häuser einzieht. Die neuen Nachbarn können sehr nett sein oder, wie im Falle der Frau Voisin, auch nicht so nett sein.

Mathematik | Deutsch | Englisch
Grundschule
Das **Gute-Noten-Programm** für die Grundschule
TOP VORBEREITET:
Von der 1. Klasse bis zum Übertritt an weiterführende Schulen
ENGLISCH 3. Klasse
Grundwissen
STARK
VERA 3
Deutsch 3. Klasse
STARK
DEUTSCH 4. Klasse
Fit für die weiterführende Schule
STARK
MATHEMATIK 4. Klasse
Lernzielkontrollen
10 Tests zur Selbsteinschätzung
STARK
www.stark-verlag.de/grundschule

Lernzielkontrollen

Testbände zur Vorbereitung auf Lernzielkontrollen

- ✔ Neben jedem Lehrbuch einsetzbar
- ✔ Herausnehmbares Lösungsheft mit vollständigen, nachvollziehbaren Lösungen
- ✔ Prüfen aller Kompetenzbereiche
- ✔ Tests wie in der Schule
- ✔ Mit Zeitangabe, Punkteverteilung und Notenschlüssel
- ✔ Realistische Selbsteinschätzung
- ✔ Ideal für Eltern zur Lernbegleitung

www.stark-verlag.de